全国中考语文现代文阅读

"热点作家"
经典作品精选集

试卷上的作家

心壤之上，万亩花开

张丽钧 / 著

张国龙 / 主编

延伸阅读　备战中考

适合考生做语文阅读的散文集

走进语文之美，领略阅读精髓

初中版

丰富的阅读素材

从童年往事到世间百态

从青葱校园到异域风光

开拓视野，看见世界，提升写作能力和人文素养

四川文艺出版社

图书在版编目（CIP）数据

心壤之上，万亩花开 / 张丽钧著. -- 成都：四川
文艺出版社, 2023.7
　（试卷上的作家）
　ISBN 978-7-5411-6701-0

　Ⅰ.①心… Ⅱ.①张… Ⅲ.①阅读课—中学—教学参
考资料 Ⅳ.①G634.333

中国国家版本馆CIP数据核字（2023）第122500号

XINRANG ZHI SHANG, WANMU HUA KAI

心壤之上，万亩花开

张丽钧　著

出 品 人	谭清洁
责任编辑	邓　敏
封面设计	宋双成
内文设计	宋双成
责任校对	文　雯

出版发行　四川文艺出版社（成都市锦江区三色路238号）
网　　址　www.scwys.com
电　　话　028-86361802（发行部）　028-86361781（编辑部）

排　　版　北京书香文雅图书文化有限公司
印　　刷　三河市兴国印务有限公司
成品尺寸　165mm×235mm　　开　本　16开
印　　张　14　　　　　　　　字　数　170千
版　　次　2023年7月第一版　印　次　2023年7月第一次印刷
书　　号　ISBN 978-7-5411-6701-0
定　　价　39.80元

总　序

情感和思想的写真

张国龙

和小说、诗歌等相比，散文与大众更为亲近。大多数人一生中或多或少会运用到散文，诸如，写作文、写信、写留言条等。和小说相比，散文大多篇幅不长，不需占用太多的读写时间；和诗歌相比，散文更为通俗易懂。一句话，散文具有草根性和平民性气质。

在中小学语文课本中，散文篇目体量最大。换句话说，散文是中小学语文教学不可或缺的资源。中学生所学的语文课文大多是散文；小学生初学写作文，散文便是最早的试验田。从某种意义上说，中小学作文教学就是散文教学，主要涉及记叙性散文、抒情性散文和议论性散文。在中考、高考等各类考试中，作文的写作离不开这三类散文，甚至明确规定不可以写成诗歌。可见，散文这一文体在阅读和写作中占据了举足轻重的地位。

然而，散文作为一种"回忆性"文体，作者需要丰富的生活经历和厚重的人生体验。散文佳作，自然离不开情感的真挚性和思想的震撼性。因此，书写少年儿童生活和展现少年儿童心灵世界的散文，无外乎两类：一是成年作家回望童年和少年时光；二是少年儿童书写成长中的自己。这两类散文可统称为"少年儿童本位散文"。显而易见，前者数量更大，作品质量更高。事实上，还有相当一部分散文作品，虽然并非以少年儿童为本位，却能被少年儿童理解、接受，能够滋养少年儿童的心灵。

这套丛书遴选了众多散文名家，每人一部作品集。这些作家作品可以分作两类。一类是主要从事儿童文学创作的作家，基于少年儿童本位创作的散文，比如吴然的《白水台看云》、安武林的《安徒生的孤独》、林彦的《星星还在北方》、张国龙的《一里路需要走多久》。另一类是主要创作大众文学的作家，虽不是专为少年儿童创作，却能被少年儿童接受的散文，比如，刘心武的《起点之美》、韩小蕙的《目标始终如一》、刘庆邦的《端灯》、曹旭的《有温度的生活》、王兆胜的《阳光心房》、杨海蒂的《杂花生树》、乔叶的《鲜花课》、林夕的《从身边最近的地方寻找快乐》、辛茜的《鸟儿细语》、张丽钧的《心壤之上，万亩花开》、安宁的《一只蚂蚁爬过春天》、朱鸿的《高考作文的命题与散文写作》、梅洁的《楼兰的忧郁》、裘山山的《相亲相爱的水》、叶倾城的《用三十年等我自己长大》、简默的《指尖花田》、尹传红的《由雪引发的科学实验》。一方面，这些作家的作品皆适合少年儿童阅读；另一方面，这些作家的某些篇章曾出现在中小学生的语文试卷上。因此，可以称他们为"试卷上的作家"。

通观上述作家的散文集，无论是否以少年儿童为本位，都着力观照内心世界，抒发主体情思，崇尚真实、自由、率性的表达。

这些散文集涉及的题材多种多样，大致可分为如下三类：

其一，日常生活类。"叙事型"和"写景状物型"散文即是。铺写"我"的童年、少年生活中真实的人、事、情、景。以记叙为主，抒情与议论点染其间。比如，刘庆邦的《十五岁的少年向往百草园》

以温润的笔触，描摹了"我"在十五岁那年拜谒鲁迅故居的点点滴滴，展现了一个乡村少年对大文豪鲁迅先生的渴慕与敬仰。安武林的《黑豆里的母亲》用简约的文字，勾勒出母亲一生的困苦、卑微和坚忍，字里行间点染着悲悯与痛惜。

其二，情感类。通常所说的"抒情型"散文属此范畴，即由现实生活中的人、事、情、景引发的喜、怒、哀、乐等。以渲染"我"的主体情思为重心，人、事、情、景等是点燃内心真情实感的导火索。比如，梅洁的《童年旧事》饱蘸深情，铺叙了童年的"我"和同班同学阿三彼此的关心。一别数十载，重逢时已物人两非。曾经有着明亮单眼皮眼睛的阿三，已被岁月淘洗成"一个沉静而冷凝的男子汉"。"我"不由得轻喟"成年的阿三不属于我的感情"。辛茜的《花生米》娓娓叙说了父亲为了让"我"能吃到珍贵的花生米，带"我"去朋友家做客，并让"我"独自留宿。一夜小别，父女似久别重逢。得知那家的阿姨并没有给"我"炸花生米吃，父亲欲说还休。多年之后的"我"，回忆起这件事仍旧如鲠在喉。

其三，性情类。"独白型"散文即是。心灵世界辽阔无边，充满了芜杂的景观。事实上，我们往往只能抵达心灵九重天的一隅。在心灵的迷宫中，有多少隐秘、幽微的意识浪花被我们忽略？外部世界再大也总会有边际，心灵世界之大却无法准确找到疆界，如同深邃莫测的时光隧道。每天一睁眼，意识就开始流动、发散，我们是否能够把内心的律动细致入微地记录下来？这必定是高难度写作。如果我们追问个体生命的具体存在状态，每一天的意识流动无疑就是我们存在的最好确证。比如，曹旭的《梦雨》惜字如金，将人的形象和物的意象有机相融，把女性和江南相连缀，物我同一。

尤其是把雨比喻成女孩，"第一次见面，你甚至不必下，我的池塘里已布满你透明的韵律"，空灵、曼妙，蕴藉了唐诗宋词的意味。乔叶的《我是一片瓦》由乡村习见的"瓦"浮想联翩，岁月倥偬，"瓦"已凝结成意象，沉入"我"的血脉，伴随我到天南海北。"瓦"是"我"写作的情结，更是另一个"我"。杨海蒂的《我去地坛，只为能与他相遇》，"我"因为喜欢史铁生的《我与地坛》而一次次去地坛，真真切切地感受史铁生的轮椅和笔触曾触摸过的一草一木。字里行间，漫溢出一个人对另一个人的体恤与爱怜、一位作家对另一位作家的仰望与珍视。或者说，一个作家文字里流淌的真性情，激活了另一个作家的率性和坦荡。

不管是铺写日常生活、表达真挚情感，还是展现率真性情，上述作品大体具有如下审美特征：

其一，真实性。从艺术表现的特质看，散文是最具"个人性"的文体，一切从自我出发。或者说，散文就是写作者的"自叙传"和"内心独白"。这就决定了散文的内容，其人、事、情、景等皆具有真实性，甚至可以一一还原。当然，真实性在散文中呈现的状态是开放、多元的，与虚假、虚构相对抗，尤其体现在表象的真实和心理的真实。不管是客观、物化的真实，还是主观、抽象的心理真实，只要是因"我"的情感涌动而吟唱出的"心底的歌"，就无碍于散文的"真"。散文的真实，大多体现为客观的真实，即"我"亲历（耳闻目睹），"我"所叙述的"场景"实实在在发生过，甚至可以找到见证人。对事件的讲述甚至具有纪实性，与事件相关的人甚至可以与"我"生活中的某人对号入座。叙写的逻辑顺序为："我"看见＋"我"听见＋"我"想到，即"我"的所见、所闻和所感，且多采取"叙述＋抒情＋议论"的表现方式。比如，林彦的《夜别枫桥》，少年的"我"先是遭遇父母离异，而后因病休学，独自客居苏州。那座始终沉默无语的枫桥，见证了"我"在苏州的数百个日日夜夜。那些萍水相逢的过客，给予了"我"终生铭记的真情。

其二，美文性。少年儿童散文通常用美的文字，再现美的生活，营造美的意境，表现美好的人情、人性和人格，是真正的"美文"。比如，吴然的《樱花信》，语言叮当如环佩，景物描写美轮美奂，读来令人神清气爽，齿唇留香。"阳光是那样柔和亮丽，薄薄的，嫩嫩的，从花枝花簇间摇落下来，一晃一晃地偷看我给你写信……饱满的花瓣，那么嫩那么丰润，似乎那绯红的汁液就要滴下来了，滴在我的信笺上了。你尽可以想象此刻圆通山的美丽。空气是清澈的，在一缕淡淡的通明的浅红中，弥漫着花的芬芳……昆明人都来看樱花，都来拜访樱花了！谁要是错过了这个芬芳绚丽的节日，谁都会遗憾，都会觉得生活中缺少了一种情调、一种明亮与温馨……"安宁的《流浪的野草》，文字素面朝天、洗尽铅华，彰显了空灵、曼妙、清丽的情思。"燕麦在高高的坡上，像一株柔弱的树苗，站在风里，注视着我们的村庄。有时，她也会背转过身去，朝着远方眺望。我猜那里是她即将前往的地方。远方有什么呢，除了大片大片的田地，或者蜿蜒曲折的河流，我完全想象不出。"

其三，趣味性。少年儿童生活色彩斑斓，充满了童真、童趣。少年儿童散文不论是写人、记事，还是抒情、言志，皆注重生动活泼、趣味盎然。与此同时，人生中的诸多真谛自然而然地流淌于字里行间，从而使文章具有超越生活的理趣，既提升了文章的境界，又能陶冶阅读者的性情。比如，王兆胜的《名人的胡须》，用瀑布、白云、大扫帚、括弧、燕子等各种事物类比各个名人各具特色的胡须。稀松平常的胡须看似可有可无，却有着不同寻常的意义。古今中外名人与胡须的逸事，读来令人莞尔，幽默、风趣的笔调里蕴含着举重若轻的哲理。张丽钧的《兰花开了18朵》，"我"时常和蝴蝶兰说话，如母亲的斥责，似闺密的呢喃，像恋人的娇嗔，满满的人间情怀里渗透着天然的机趣。"我家这株蝴蝶兰，真真是个慢性子——一簇花，耗费了整整66天的时间，才算是开妥了。从2月24日到5月1日，总共开了18朵花，平均3.67天开一朵。我跟她说：'亲呀亲，你可是我拉扯大的呀，咋这脾性半点儿都不随我呢？这么慢条斯理地开，你是打算把全部春光都占尽了吗？'"

散文创作通常与作者的亲身经历密切相关，尤其注重展现真性情，因此散文抒写的往往是个人的心灵史和情感史。这些散文作品不单是中学生写作的范本，还是教导中学生为人处世的良师益友！

2022 年 10 月 18 日
于北京师范大学

序 言

张丽钧

一

每当得到自己文章"上试卷"的消息，内心都会五味杂陈。

首先，在那个重大的时刻与孩子心灵相遇，这对我无疑是一种别样的奖赏；但是，每一道考题我这个作者均未参与命制，它们是"靠谱"还是"离谱"？若是后者，孩子们在被难倒的时刻忧闷了吗？愤慨了吗？腹诽了吗？想着这些难以索解的问题，不禁汗涔涔而意惶惶了。

二

在我看来，每个作家都有自己最在意的读者。那么，我最在意的读者是谁呢？

是孩子！

如果让我选择，我宁愿选择在花香暗涌、好风轻拂的时刻，一颗少年心小鸟般轻松地啄走我书页上的文字。不经意间，他的心壤上就撒下了一粒种子，得着光阴的宠爱，慢慢长成了青枝绿叶的植物。当我感到岁月荒寒时，偶一回首，竟发现那棵与我有着高关联度的植物已然开出了娇艳的花朵，为我织就一个"迷你"春天。

三

"永活"，第一次读到这个词就迷上了它。它是用来描述一些文字在孩子心中落地生根后的状态的。因为来得早，那片土地还没有板结、没有沙化，于是那些文字被厚待、被宠溺，很容易就与孩子的生命长成了一个儿，难拆难分。

当我看到青岛某中学一个班级的孩子们传阅、分享我的一本书，并在书页上做了密密麻麻的批注时，我又感动，又惶恐，忍不住偷偷地想：唉，早知道这些文字要被孩子们如此"精读"，我应该将它们侍弄得更漂亮些呀。

"文章均得江山助"，这是古人的见解；于我而言，似乎应该是"文章均得少年助"了。

四

想到了我自己的少年时光。我在生命的纯美阶段读到的那些文字，不也都有着"高黏度""高渗透度"的特质吗？

就在前几天，我收到《青年文摘》的约稿函，当我看到附带要求中有"读一段对你成长影响较大的文字"时，我首先就想到的是《林海雪原》，趴在姥姥家的土炕上浑然忘我地阅读一本前后缺页的"残书"的情景立刻清晰显影，挥之不去。

所以，我毅然选读了一段"白茹执意为流血过多的俘虏包扎伤口因而惹得刘勋苍不快"的文字。那段文字，对我日后是非观的形成产生过巨大影响，它是在我心中"永活"的文字。

五

就在前几天，我坐在角落里喝咖啡。远远地，芹来了，说："你的气质里藏着你读过的书。"我一愣，暗自思忖：那么，我的书能给予读者这样的影响吗？

我多么希望那个精读《耽于美丽》的女生，在日后某个喝咖啡的时刻，在被人提醒"气质"与"书"的微妙关联之后，能倏然忆起当年那个初冬那暖暖的阅读。

六

也是这样的时节，我握着林清玄的手，想用一串背诵佐证我是他的资深粉丝。但是，那一刻，所有的文字纷纷凋零，只剩下了最不宜背诵的一段文字："一想到我笔下的文字比我更长寿，禁不住泪湿衣衫……"

后来，我在一次发言中斗胆改动了林清玄的这段话："一想到我笔下的文字比我更长寿，禁不住喜上眉梢。"

泪湿衣衫中有不舍、有不甘，喜上眉梢中有欣幸、有欣跃。

亲爱的孩子，你就是那让我的文字长于我的寿命的人呀！当它在你的心中"永活"，就等于我将一个小我植入了你的生命，我怎能不窃喜——有一种坠落能够变成了另一种高飞，有一种松手能够变成了另一种紧握。

访　谈

她有一支"亦秀亦健"的妙笔

鲍伯霞

在我众多的作者当中，张丽钧是颇为独特的一个。她每年给我的稿子并不多，但几乎篇篇都让我生出不忍独享之心，于是《畏惧美丽》《暗许》《爱与宁静曾经来过》《卿卿如晤》等散文便进驻了更多人的心。张丽钧所侍弄的文字更像一种卓异的植物，敏锐地感知着四季，适时送来花香；又坚忍地对抗着风雨，不倒伏，不委顿。

当她把河北教育出版社为她出版的两册"心青丛书"（《世界以痛吻我》《我要回报以歌》）寄到我手上时，我着实为她欣喜。由于作者是一位集"特级教师、现代校长、优秀作家、成功母亲"于一身的卓越女性，这就使得本套丛书的精神向度与审美维度呈现了一种可贵的"多棱性"特质，这在当下的出版物中是不多见的。在我看来，这是一套观照灵魂的温暖读物，所有希望让灵魂得到安宁的人都可以从中嗅到安神的芬芳；它也特别适合成为天下父母案头的"工具书"，因为作者在许多文章中娓娓讲述了她宝贵的育儿心得；它更适合成为青年学生贴心的"枕边书"，作者关乎"做人、做事、作文"的"实惠"指点，会使青年学生有"现得利"的惊喜。

张丽钧是个描摹美的高手。她有能耐听到旁人听不到的声音、看到旁人看不到的景致。我永远都不怀疑，只有怀揣一颗锦心的人，才能拥有令人艳羡的绣口，我眼中的张丽钧，正是这样的一个人。通过张丽钧"目光的第二次给予"，我们看到了世界的美好，也看到了自己的美好。

如果你以为张丽钧的文章仅仅是在一羽一叶的雕琢上显功夫、见笔力，你就大错特错了。张丽钧有一支"亦秀亦健"的妙笔，在顾惜着"落日熔金、冰轮乍涌"的同时，多思的她也写出了许多叩问生命、直击人性的"给力"文章。她迷恋"创造"——"生命从诞生的那一刻起，就在一步步地滑向死亡的深渊，再有威势的手也不可能阻止这一切。因而我们只有选择创造。创造能使我们有限的生命得到无限的延伸。"（《创造》）她把进城的大树称作"被抢占的民女"——"那苦命的'民女'可真苦啊。为了能够苟延残喘地活下去，她们大都被截了肢。那么粗的树干，却抱歉地顶着个极其寒酸的小小树冠，全然失却了她们在娘家时那副华贵的仪容……"（《惦念树》）这些文字太像"美的寓言"，没有过露的锋芒，却于温煦中蕴含力道，于清雅中透出风骨。

张丽钧的文章，可刚可柔，可烈可媚，加之文笔细腻端丽、精警熨帖，这使她拥有了庞大、稳定的读者群，也使她的文章成为各类试卷阅读材料的热选。诚然，带着功利之心去读张丽钧，确乎不会空手而归；但如果你愿意身披斜阳，手捧香茗，静坐于浮世一隅，在泪与笑中细细品读张丽钧精心打磨的那些玉润珠圆的文字，那才是对她的一种相宜酬酢，更是对自我的一种别样奖赏。

2011 年 02 月 01 日

《中国青年报》

目录 CATALOGUE

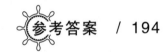

试卷作家
真题回顾

浇 花

①阳台上的双色杜鹃开花了，终日里，妖娆的红色与雅洁的白色争艳，静静的阳台显得喧嚷起来。

②妈妈提来喷壶，哼着歌儿给花浇水。她在看花儿的时候，眼里漾着笑。她相信花儿们能读懂她这份好感，她还相信花儿会在她的笑容里开得更欢——她用清水、微笑和歌声来浇花。

③儿子也学着妈妈的样子，拎了喷壶来给花儿浇水——呵呵，小小一个男孩子，竟也如此懂得怜香！

④一天，妈妈仔细端详她的花儿，发现植株的旁侧生着几株杂草。她笑了，在心里对那杂草说："几天没搭理你们，偷偷长这么高了？想跟我的杜鹃抢春光，你们的资质差了点！"这样想着，俯下身子，拔除了那杂草。

⑤儿子回到家来，兴冲冲地拎了喷壶，又要给花儿浇水。但他跑到阳台上，却忍不住哭叫起来："妈妈，妈妈，我的花儿哪里去了？"

⑥听到哭闹，妈妈一愣，心想莫非杜鹃插翅飞走了？待她跑来，却发现杜鹃举着笑脸，开得好好的。妈妈于是说："儿子，这花儿不是在这儿吗？"

⑦儿子哭得更厉害了："呜呜……那是你的花儿！我的花儿没有了！"

⑧妈妈见儿子绝望地指着原先长草的地方，顿时就明白了，说：

"儿子，那哪儿是花呀？那是草，是妨碍花儿生长的草！妈妈把它拔掉了。"

⑨不想儿子却说："我天天浇我的花儿，它都开了两朵了！呜呜……"

⑩妈妈疑惑地把那几株草从垃圾桶里翻捡出来，发现那蔫蔫的叫不上来的植物确实开着两朵比叶片颜色稍浅的绿色小花儿。妈妈心想："原来这样不起眼的植物在孩子心中也是花儿，我怎么没有意识到呢？"她的心温柔地动了一下，俯下身子抱起孩子。

⑪"对不起，妈妈不该拔掉你的花儿。儿子，你真可爱！妈妈要替这两朵小小的花儿好好谢谢你，谢谢你眼里有它们，谢谢你一直为它们浇水；妈妈还要替妈妈的花儿谢谢你，因为你在为你的花儿浇水的时候，妈妈的花儿也沾了光！"

⑫后来，妈妈惊讶地发现，这个世界上被忽略的花儿真多！柳树把自己的花儿编成一个个结实的绿色小穗，杨树用褐色的花儿模拟虫子逗人，狗尾草的花儿就是毛茸茸的一条"狗尾"，连蒺藜都顶着柔软精致的小花儿与春风逗弄……上天爱他的花园，大概，他也会用清水、微笑和歌声来浇花吧？并且，他会和孩子一样，不会忽略掉哪怕是最不起眼的一株植物的一抹浅笑……

（2019 年湖北省荆门市中考语文适应性试卷）

▶试 题

1. 文中妈妈对儿子的"花儿"的"称谓"是不同的,这些不同的称谓背后,显示妈妈对儿子的"花儿"的态度也有差异,细读文章后,完成表格。(2分)

称谓	杂草	_____	_____
态度	忽视	_____	_____

2. 文章开头描写杜鹃花盛开的景象,在文中起什么作用?(2分)

_____

_____

_____

3. 联系上下文,说说下面句子加点词语的含义。(6分)
①她在看花儿的时候,眼里漾着笑。

_____

_____

②待她跑来,却发现杜鹃举着笑脸,开得好好的。

_____

_____

4. 第⑫段中的两个省略号用法是一样的吗? 说说你的理由。(3分)

_____

_____

_____

5.读一读下面的链接材料，说一说本文最后一段中那些"被忽略的花"与"苔花"有什么相同之处。两位作者写它们的目的分别是什么？（5分）

链接：那位锦衣玉食、风流倜傥的清代大才子袁枚，绝对不会想到，三百年后，自己的一首小诗会意外爆红，借助移动互联网制造了一个文化沸点。"白日不到处，青春恰自来。苔花如米小，也学牡丹开。"报道说，这首诗之所以被刷屏，起因于不久前央视《经典咏流传》播出的一期节目。节目中，乡村教师梁俊和贵州大山里的孩子一起表演了小诗《苔》，孩子们朴质的天籁之声感染了无数人。

_____

_____

_____

_____

_____

深锁乡愁

①劳姐发来一首小诗，是根据余光中的《乡愁》改写的："从前，乡愁是一张火车票，我在这头，故乡在那头。现在，乡愁是一张核酸检测报告，我在这头，故乡说：你就在那头吧，别回这头！"

②犹如竹箩不偏不倚地扣住一只背兴^①的麻雀，这首小诗，不偏不倚地扣住了背兴的我。

③我的老家在石家庄市深泽县。这座坐落于滹沱河北岸的小城，因地势低洼，"三水横溢"，故远在西汉时即得名"深泽"。我是十五岁那年才随母亲到深泽的。刚一到深泽，最纳罕的是此地人一律把"没"说成"咩"。弟弟跟他的小伙伴们说话，总是"咩"来"咩"去，惹得我笑个不停。那时我读高二，历史考砸了，无比难过，我美丽的历史老师走过来，抚着我的头柔声说："咩事儿。"我一震，仿佛得到了神谕，瞬间就被治愈了。打那儿以后，我但凡遇到沟沟坎坎，都会在心里模拟着我美丽的历史老师的调子劝慰自己"咩事儿"。

④我多么依恋母亲所在的那座小城！当我在千里之外有了自己的小家，当我也做了妈妈，回家过年的念头从没凋萎过。儿子一岁半时，我爱人被一件事缠住，不能陪我回家过年，于是我与我的同事、同乡小白搭伴回家。在能把人挤成相片的绿皮火车上，小白慨

_____

①背兴：交厄运或遇事不吉利，亦称为"背时"。

然脱掉他的军大衣，铺在硬邦邦的座椅上，让我儿子躺在暖窝窝里舒坦地睡觉，又高又胖的小白则半个屁股倚坐在椅边，练了一路"骑马蹲"。快到站时，我抱起儿子，不由大惊失色——儿子把他白舅舅的军大衣尿湿了一大片！我歉疚得要命，小白笑笑说："咩事儿！不就在后背画了张地图吗？咱都回家了，乡亲们还会笑话咱？"

⑤还有一年，春节前我做了甲状腺手术，母亲和弟弟一家人都反对我回家，我对他们说："咩事儿，我怎么也得让你们看看我脖子上的这条皮项链吧？"我硬是在鞭炮声中回到了家乡。

⑥今年初，疫情让那座"咩事儿"的小城摊上了事。弟弟告诉我说，封城了，超市关了，饭店关了，药店关了……我忙问："咱妈的药还有吗？要不我快递些过去吧！"弟弟说："快递也停了。"我脑袋嗡的一下，感觉深泽真的陷入了深深的泽淖……

⑦每次打电话，患有阿尔兹海默症的母亲都要不厌其烦地问我："你多咱回来呀？"我说："深泽封着呢，我回不去呀！"母亲说："你回来了他们还敢不让你进家？"我说："当然敢呀。"母亲半天不吭声，我知道，她被我说的话吓坏了。

⑧"咩事儿"，我这样劝慰母亲，也这样劝慰自己。纵然我是一只倦飞知还的鸟，纵然团圆的执念已然长进了我的血里肉里，在故乡深陷泽淖时，我也懂得却步即是襄助的道理。

⑨我挂掉了母亲的电话，不让她听到我的哭腔……

⑩深锁的乡愁，会在春暖花开的时节启封。我期待着在斑鸠如泣如诉的叫声中回到云开雾散的故里，推着轮椅上的母亲去吃街头扒糕，再买回一束她最爱的紫洋兰，插满她寂寥已久的花瓶，告诉她说："咩事儿，我们又回到了从前的好日子。"

【2020—2021 学年湖北省武汉市硚口区七年级（下）期末语文试卷】

▶试　题

1. 说说第①段劳姐的诗在文中的具体语意。（4分）

_____

_____

2. 读③~⑤段，说说作者为什么如此依恋家乡。（4分）

_____

_____

3. 阅读⑥~⑨段，说说作者"深锁"乡愁的原因。（4分）

_____

_____

4. 阅读第⑩段，说说作者表达了哪些愿望。（4分）

_____

_____

母亲的报复

①这次回家，跟母亲拉呱，说到"深泽庙会"，母亲又提起了"菏泽丐帮"："好多年不来赶庙会了，也不知道他们咋样了……"我听了大吃一惊，问母亲："你还惦记着他们呢？我真服了！"

②1978年，深泽庙会期间的一个傍晚，一个瘸腿的乞丐（后来我们知道了他原来是"丐帮帮主"）来到我家门前，开口就喊我母亲"姑"。他对我母亲说，他是山东菏泽人，胡乱吃东西，吃坏了肚子，看能不能给他找几片黄连素。母亲不但找来了药，还给倒了一茶缸子热水，嘱那人吃下。"帮主"看我母亲是个和善的人，就提出在我家柴棚里借住一宿。母亲自然应允……

③就这一声"姑"、几片黄连素，掀开了我们家与"丐帮"交往的伟大历史！"丐帮"一个传俩、俩传仨，一大群人呼啦啦都跑到我家柴棚来住。他们若是讨要来了饮料、水果，居然要孝敬"姑"；有一回，我可爱的小侄子飞奔回家，激动万分地告诉家人："我在街上看到我要饭的爷爷他们了！"有时碰上我父亲、弟弟干活缺人手，他们也会七手八脚地帮忙；1993年，我家翻盖了房子，柴棚成了厢房，"帮主"他们舒服地住在里面，风雨不动安如山；2003年，我弟弟、弟媳大手笔，拆了旧房，起了四层大楼。"帮主"他们见此光景，知趣地走开了。但是，母亲不依不饶，非要让他们住进来——在三层阳面，特意给他们预留了一个大房间……

④我跟母亲说："那个'帮主'，虽说叫你姑，可实际年龄比

你都要大吧？你想想，你都是 80 岁的人了，他们怎么还能跑得动？再说了，这些年日子越来越好过，他们很可能已经过上了富足的生活，用不着到处跑着要饭了。"母亲说："也是。可年年一到庙会，这心里头就想起他们来了。唉，你说，挂记他们干吗？"

⑤——我明白，劝也白劝，母亲的心中有一个位置，就是专给"帮主"他们留的。她对"丐帮"的惦念，差不多是一种难以违逆的宿命。

⑥我外祖母生了 6 个孩子，我的一个小舅舅在很小的时候就夭折了。家境困难到令人无法想象。母亲说，她和我那几乎要饿晕了的二舅去到一户富裕人家讨饭，一个恶汉在大门口叉腰道："走吧走吧，没有吃的了！"可是，母亲分明看到他家窗户下面有一筐箩高粱，母亲就提出要点高粱。恶汉说："给了你们，猪吃什么！"在饿得实在扛不住的时候，母亲居然和二舅每人吃了两瓣蒜（家中唯一可吃的东西），喝了一点水……每当母亲跟我们姐弟讲到这段往事，她眼里都会转动泪花；而我，被那兄妹俩"喝凉水、就蒜瓣"的惨景一次次击中，心头的苦辣蜇痛了双眼。真恨不能穿越回岁月深处，带那可怜的兄妹俩去吃一顿大餐。

⑦一直想问问母亲，当年，她给"帮主"找药倒水的时候，是不是想到了自己在恶汉家门前遭受的冷眼和羞辱？母亲会不会有一丝庆幸——她终是寻到了"报复"那不堪回首的往事的一个好机缘！于是，她温柔地对待"帮主"他们，就像对待自己失散多年的亲人。每次翻盖房子都事先想到如何安置那些每年秋天候鸟般飞来的"穷亲戚"。母亲多么善于"报复"啊！她跟每个脏兮兮的乞丐都热络得要命，听着年龄跨度至少有 20 岁的一伙子人争先恐后地"姑""姑"地唤她，她内心的喜悦都跳到脸上，开出花来。

⑧——在远离母亲的城市，每当听学生们背诵《弟子规》中"勿

诣富，勿骄贫"的时候，我都会在心中说：我的母亲，为"勿骄贫"给出了一个满分＋的答案呢！命运曾那样亏待母亲，但母亲却有能耐将吞下的苦悉数酿而为蜜，再用这蜜去慷慨滋养他人。母亲的"报复"，竟是这般高妙！身为她的长女，我叩问自己：我该怎样修心，才配得上做她的女儿？

（本文有删减）

（2022年江苏省淮安市涟水县麻垛中学中考语文第一次质检试卷）

▶**试 题**

1. 文中两次提到关于"讨饭"的事，请分别概括。（4分）

_____

_____

_____

2. 请品析第③段画线句子的表达效果。（4分）

_____

_____

_____

3. 本文的记叙顺序引起了同学们的讨论，请做探究并完成下面的对话。（4分）

小爽：文章开头写本次回家，母亲又提起"菏泽丐帮"，设置悬念，激发读者阅读兴趣；接着按时间顺序回忆我家与"丐帮"交往的历史，刻画了母亲的形象。

小杰：第⑥段为插叙，在文中极为重要，_____

_____。

4.文题"母亲的报复"意蕴丰富，请结合全文，谈谈你的理解。（6分）

_____

_____

_____

_____

_____

_____

_____

_____

盘扣子

①我在审视母亲走过的人生轨迹时，发现它是枣核儿形的：起初，母亲的世界在南旺村那个狭小的院子里；后来，她的世界延伸到了晋州文化馆；再后来，她的世界竟然还能抵达椰风海韵的湛江……然而，大约十年前，母亲的"枣核儿"开始悲凉地收拢，慢慢走向比先前那一端更逼仄的另一端。随着母亲的膝关节炎的加重，她的世界从县城缩小到西关，再缩小到院落、房间……

②母亲越来越离不开人了。有时候，弟弟弟妹出去片刻，她都会惊慌不已。她心中藏着一种尖锐的怕，就算她不说，我们也猜得透。

③这次回家，我问母亲："妈，你可还记得怎样盘那种蒜疙瘩扣吗？"

④母亲黯然道："记性越来越差，怕是早忘啦。"

⑤我便找出事先备好的各色丝绳，递与她。

⑥母亲背光坐着，喜爱地摩挲着那些滑顺的丝绳，慢慢拈起一根，不太自信地将两头搭在一起，又慌张地扯开。

⑦我鼓励她说："妈，你还记得我那件玫红色法兰绒的坎肩不？那不就是你盘的扣子吗？每年秋天我都要穿一穿它呢！我一直想跟你学盘扣子，一直也没学会……"母亲听了，数落我道："手指头中间长着蹼呢——拙呀！"

⑧我摊开手掌，装傻道："啊？蹼在哪儿呢？在哪儿呢？"

⑨母亲仿佛在数落我中汲取了力量，脸上有了明快的自信，继而，这自信又传到了手上。只见她笑了一声，两只苍老的手笃定地动起来。

⑩扭，结，抽，拉，母亲的手从容地舞着，神助般地，她终于盘成了一个完美的扣子！

⑪接着，我又贪婪地递上丝绳，央她再盘，央她教我盘。

⑫母亲越盘越娴熟，那过硬的"童子功"又悄然回到了她的手上。

⑬母亲是多么快活！她对来借簸箕的邻居大声说："这不，我家大闺女稀罕我盘的蒜疙瘩扣，让我给她盘！你看看，都盘了这么多了！"

⑭我毫不吝惜地赞美母亲的作品，毫不掩饰地表达想要更多扣子的愿望。母亲则因为帮我做了我无力做成的事而开心了整整一天。

⑮我悄悄跟自己说："母亲那尖尖的'枣核儿'能吸附些微的快乐，该有多么不易！所以，在母亲有生之年，我不能学会盘扣子，绝不能……"

【2020—2021 学年山东省烟台市龙口市八年级（上）期中语文试卷】

▶试　题

1. 请从文中"我"的角度来叙述事件，并在空白方格内填写相应的内容。（3分）

事件	母亲的心情
A_____ _____	黯然
我让母亲盘扣子	不太自信、慌张
我鼓励母亲盘扣子	B_____ _____
我央求母亲帮我盘扣子	快活
C_____ _____	开心

2. 请按要求赏析语句。（6分）

①母亲背光坐着，喜爱地摩挲着那些滑顺的丝绳，慢慢拈起一根，不太自信地将两头搭在一起，又慌张地扯开。（从人物描写角度赏析）

_____

_____

_____

②接着，我又贪婪地递上丝绳，央她再盘，央她教我盘。（赏析加点词的作用）

_____

_____

_____

3. 标题"盘扣子"有什么作用？（4分）

_____

_____

_____

4. 选文最后写道："在母亲有生之年，我不能学会盘扣子，绝不能……"请结合文章内容，说说为什么"我"不能学会盘扣子。（4分）

_____

_____

_____

_____

_____

大香奶奶

①大香奶奶家跟我家隔着三户人家。她名叫大香，却生得又瘦又小，还有点佝偻；因为有头疼的毛病，一年四季都戴着帽子。她男人靠一样家传的手艺吃饭——炒花生。

②有一回，母亲去大香奶奶家借筛子，心眼贼多的妹妹假装去找妈妈，也去了大香奶奶家，结果，赚回来两口袋热乎的炒花生。那年她大概五六岁吧，穿着我穿剩下的一件旧花褂子，捂着两个鼓鼓的口袋在屋子中间转，我和弟弟互递一个眼色，扑上去就开抢她的花生。她夸张地尖着嗓子大哭，引来了母亲。母亲骂了我和弟弟一通，责令我俩把花生还给了妹妹。但妹妹不干，硬说少了，尖着嗓子大哭不止。母亲没办法，只好给了妹妹两毛钱，让她自己去大香奶奶家再买些花生。

③第二天一早，父亲打扫院子，竟在东墙根捡到了一样东西——紫花手绢包着的炒花生！甫问，是大香奶奶扔过来的。

④母亲给我们分了花生，洗干净了手绢，又摘了一些半青半红的大枣，亲自送到大香奶奶家。

⑤想不到，自那以后，扔"花生包"的节目竟频繁在我家上演，搞得我都戒掉了赖床的毛病，天天巴望着第一个冲到院子里，捡回一包热乎的炒花生——你不知道，在下了一层薄雪的院子里，欢天喜地捡起熟悉的紫花手绢妥妥地包着的热乎花生是一件多么幸福的事！

⑥大香奶奶多么敬重我那做小学教师的母亲啊！作为长辈的她，从来不直呼母亲的名字，只叫她"张老师"。大香奶奶的一个孙子、两个孙女，都是让母亲给起的名字。母亲跟大香奶奶说："别总给孩子们送花生了，惯坏了他们！"大香奶奶说："你家日子过得紧巴，少不了亏欠孩子的嘴，我拿不出山珍海味，几粒花生让孩子们解解馋吧。"

⑦我大二寒假回家，妹妹红着眼圈告诉我说："姐，大香奶奶没了。"我心里咯噔一下："她也就七十多岁吧？"妹妹说："才六十九岁……姐，再也不会有人给咱们扔花生包了！大香奶奶到死都惦记着咱家呢……"妹妹说着流下泪来。

⑧母亲和妹妹争着跟我说起了大香奶奶的事。

⑨大香奶奶病倒后，母亲去看她，听她儿媳妇说她想吃苦瓜，但已经是深秋了，苦瓜不好找。当老师的母亲问自己班的学生，谁家种过苦瓜？谁家还储着苦瓜？自己班的学生家没有，就又去别的班问，一连问了好几个年级，终于有个三年级的小女孩从她奶奶家里找来了两条苦瓜。大香奶奶是在吃到苦瓜的当天夜里闭上眼睛的。

⑩大香奶奶后事办完后的第二天，她的儿子、儿媳一人扛着一个面袋子来到我家，一见到我父母就双双跪下了。我父母惊坏了，赶忙扶两个人起来。大香奶奶的儿子对我父母说："哥，嫂子，我娘咽气前，我问她还有啥要嘱咐我的，她说：'儿啊，我跟张老师家借过30斤小米、30斤白面，你记着替我还了……'哥，嫂子，啥也别说了，你们就成全了我的孝心吧。"

⑪我母亲哭着说："我的老婶子呀，你叫我怎么咽得下这30斤小米、30斤白面呀！你心里装的都是别人的苦，临走想吃样东西，还是苦瓜，你把苦都替别人吃了……"

⑫我听完后也哭了。

⑬妹妹哽咽着说："大香奶奶的儿子又不傻，他肯定知道，_____所以，他反复说'你们就成全了我的孝心吧'！他心里明镜似的。姐，我现在出门，总绕着大香奶奶家走，只要一过她家大门，我的眼泪就止不住……"

⑭多少年后，我和妹妹都工作了、赚钱了，每次回家，我俩都不约而同去大香奶奶家买花生。她儿子问我们："买这么多，怎么吃啊？"

⑮我俩笑笑说："放心吧，一粒也剩不下！"

⑯每当把花生分给同事、朋友，我都会忆起那一方紫花手绢，它那么小，却能包天裹地、布霓散霞。作为一个曾经受惠于它的人，我问自己，我该怎样行走人间，方不负它慨然的恩宠……

（2017 年湖北省宜昌市中考）

▶试 题

1. 文章围绕"大香奶奶"写了很多事，以下事件中，文中没有提及的一项是（   ）。（2分）

A. 大香奶奶家的炒花生价格公道，两毛钱就可以买一大包

B. 大香奶奶给妹妹两口袋热乎的炒花生

C. 大香奶奶"扔"给我们紫花手绢包着的炒花生

D. 大香奶奶在吃到苦瓜的当天夜里闭上了眼睛

2. 将自己代入角色，融入文中，更能深入理解字里行间蕴含的深意。请你将自己代入文中的妹妹，结合上下文，在横线处补充第

⑬段相关内容，使文章合理、连贯。（2分）

_____

_____

3.关于本文的写作手法，你们小组在合作讨论后整理出了如下表格，请补充空缺处。（4分）

写法	举例	效果
插叙	①	表达了母亲对大香奶奶的感激以及不舍。补充了情节，使大香奶奶的人物形象更丰满，文章主题更加突出。
线索	文章以"炒花生"为线索，讲述了大香奶奶送"我们"花生，周济"我们"小米和白面，"我们"长大后去她儿子处买花生，将花生分给他人的故事。	②

4.秀秀读到这篇文章，觉得很好，想推荐给某知名文学刊物，但是该投给哪个栏目呢？请你给出建议，并结合文意阐述理由。（4分）

　　A."杂感随谈"栏目

　　B."人生之旅"栏目

　　C."文化茶座"栏目

我建议投入_____（栏目序号），因为_____

_____。

5.请结合文章内容，谈谈你对第⑯段画线句"作为一个曾经受惠于它的人，我问自己，我该怎样行走人间，方不负它慨然的恩宠……"的理解。（4分）

_____

_____

_____

_____

_____

_____

藏在木桩中的椅子

①电视上正在播出一档叫作"挑战英雄汇"的节目，我边做家务，边有一搭没一搭地瞧。

②当一个叫卡尔布的德国人登场的时候，我丢掉了手里的家务。

③那是个大块头的家伙，拎着一把红色的电锯，慢吞吞地出场了。他要表演的项目是，用不超过150秒钟的时间，将一截木桩制作成一个可以承受他自身重量的小椅子。

④木桩是普通的木桩，跟扔在我家后院的一截截木桩没啥两样。

⑤我看见卡尔布将木桩竖了起来，然后朝主持人晃了一下电锯，示意准备停当。于是，计时开始。

⑥卡尔布娴熟地使用着电锯，笨重的身体一点儿也不妨碍他灵活的举手投足。电锯与木桩亲密接触，嗡嗡的响声中，被淘汰的一块块边角料应声坠地。一时间，我根本看不出卡尔布究竟是在做椅子的哪一部分，只看懂了屏幕左下角的电子计时器在不停地跳字。两个主持人忘记了解说，只管前倾了身子、张大了嘴巴，呆呆地看着卡尔布的精彩表演。到了后来，连边角料都看不到掉下来了，卡尔布的电锯用它自己才能听懂的语言说着轻重深浅。在我眼中，卡尔布不像是在做木匠活，倒像是在进行一场"行为艺术秀"。

⑦观众一声欢呼！卡尔布从木桩的顶端拿出了一个浑然一体的精致小椅子——用时仅仅95秒钟！

⑧卡尔布得意地将那个靠背带有镂空饰花的小椅子放在地上，

单脚悬空站了上去。演播大厅又是一片欢呼。

⑨我多么喜爱那个瞬间诞生的迷你椅子啊！我设想着如果把它稍稍打磨一下，刷上清漆，上面再安放一个花儿一样的孩童，那将是一件多么美妙的事情！

⑩不由想到我国宋代那个画竹高手文与可，他画竹的秘诀是，先让竹子在胸中长出个样儿来，再按那胸中的样儿将竹子搬到纸上。我想，对卡尔布而言，又何尝不是先在胸中制成了一把现成的椅子呢？那个椅子先在胸中成了形，卡尔布再按照它在自己胸中的样子向那截木桩讨要那把椅子。好比是，那个小椅子原本就是藏在木桩里了，卡尔布只是花费了 95 秒钟的时间，将它从木桩中"找"了出来。

⑪在尘世间，"创造"这东西永是最迷人的。颖慧的心，灵巧的手，常能对凡庸的事物做出非凡的解读。没看卡尔布表演前，我只会将我家后院的木桩叫作木桩。它们呆头呆脑，只不过是木头一截、一截木头；看了卡尔布的表演之后，我看那些木桩时的眼神竟倏地变了！我设想那庸常的木桩里面正藏着一批精美的迷你椅子，只待一把富有灵性的电锯一声轻唤，它们即会列队翩然而出！

⑫其实，又何止是木桩呢？被我们凡庸的眼与心怠慢了的事物尚有很多很多吧？山水里藏着画意，四季里藏着诗情，有谁，愿意带着激情将这旷古的画意与诗情从混沌的背景中解救出来，让它们以一种无比美好的姿态，恒久地存活于喧阗（tián）人间……

【2022—2023 学年黑龙江省哈尔滨市道里区八年级（上）期末语文试卷】

▶试 题

1. 请概述卡尔布在电视节目中表演了一个什么绝活。（3分）

_____

_____

2. 第⑧段中卡尔布得意地单脚站在小椅子上，他为什么要这样做？（3分）

_____

_____

3. 宋代画竹高手文与可的故事后来演变成一个成语，请你把它写在下面。（2分）

_____

4. 作者喜欢"精美的迷你椅子"的根本原因是什么？（3分）

_____

_____

5. 作者以"藏在木桩中的椅子"为题，想要给我们什么样的启示呢？（4分）

_____

_____

_____

_____

试卷作家
美文赏练

心壤之上，万亩花开

🌸 **心灵寄语**

> 当我们学会宽容、学会放下过去的恩怨，我们的内心才能真正地与万物和解。

坐在候车室，等一列车将我衔走。

噪声包围了我，我告诉自己不要再贡献声音，于是我将咳嗽强行按了回去。

妹妹走了，一步一回头。她发来语音："你一个人，要小心！"——带着哭腔。

距开车不到十分钟了，琳琳突然发来一张照片——照片上，恰是此刻的我！周围全是陌生的脸，我的脸，浮上来，目光呆滞，面无表情，特别……难看。

莫非，琳琳来了？！——当然，这是她的城市。我本不想惊扰她，但看来，冰雪聪明的她通过某个渠道得知，我，此刻，在这里。

我在噪声中对着手机大喊："喂，你在哪里？"

她说："回头。"

一回头，她竟在眼前了！

我扔下大包小包，抱住她，问："你怎么混进来的？"

她笑答："干吗要混？人家买了票的！"

我蒙了："与我一趟车？"

她点头："对呀！我送你一站……我买的站票。"

车开了。我俩只有一个座，便弃了，跑到商务车厢蹭高级座。屁股刚一沾到座椅，乘务员就来撵了，我俩只好狼狈地跑到车厢连接处，站定，旁若无人，聊啊聊，直聊得车窗外一树一树桐花开。

22分钟，好快！琳琳把一直拎在手里的包儿塞给我，转身下了车。娇小的身影，瞬间被人流淹没。

……我问自己：我怎么哭了？

回到座位上，看她给我的东西。其中，有一叠木心手稿。我一张张地拈起看。好芜杂！有几张，简直涂得像后进生作业——嗯，这才有趣，仿佛那木心刚刚乘兴写罢，又尽兴涂毕，托付琳琳，转交给我。哈哈。

散漫的目光，渐渐聚焦于一首诗。

这首诗，我先前读过的，遗憾的是，没读出深意。

这首诗的题目是《杰克逊高地》——

五月将尽

连日强光普照

一路一路树荫

呆滞到傍晚

红胸鸟在电线上啭鸣

天色舒齐地暗下来

那是慢慢地，很慢

绿叶丛间的白屋

夕阳射亮玻璃

　　草坪湿透，还在洒

　　蓝紫鸢尾花一味梦幻

　　都相约暗下，暗下

　　清晰，和蔼，委婉

　　不知原谅什么

　　诚觉世事都可原谅

　　最后那两句，我读了一遍又一遍又一遍又一遍……这是一个灵魂长期受锤的人舔舐着伤口发出的呓语吗？在如此美妙的夕阳之下，在"暗"一点点一点点地铺开之际，旷达的诗人与万物和解了。他用目光温柔地抚摸着红胸鸟与鸢尾花，决定不再计较，不再纠缠，不再怨艾，澄澈的心空写满了宽容——无一人、无一事不可原谅。

　　你不会无缘无故被一些文字如菟丝草般缠住。你在这些文字中照见了自己。对琳琳而言，她不可能是特意赶来送我这两句诗的，但这两句璀璨的诗，经由她的手，宿命般地镶进我黯淡的生命。

　　被曲解。被误读。被辜负。被褫夺。曾经，我以为这些都不可原谅。但是，夕阳下颔首微笑的木心，举着两句诗追火车的琳琳，他们，让我想放下了。

　　每一个生命，都会如期迎来夕阳西下。如果友善可以构成罪名，暴戾即可获得勋章；然而，罪名也罢，勋章也罢，实在都难抵黄昏中红胸鸟的一声啭鸣。

　　所以，当木心说出"诚觉世事都可原谅"，他的敌人，纷纷扑地。突然明白了雨果为什么说："最高贵的复仇是宽容。"

　　——五月将尽。我的心壤之上，正有万亩花开。

精彩
—**赏**析—

文章通过描绘作者在出行时，一位朋友特意赶来相见的情景，将读者引入到一段暖心的故事中。在这次相遇中，作者意外得到朋友交给自己的一份木心的手稿，并在其中一首诗《杰克逊高地》中找到了一种超越纷争的理解和宽容。这篇文章描绘了人们内心深处的情感，表达了作者对于宽容和友善的崇高追求，让读者感受到了温情和力量。文章情感流露自然，没有刻意的煽情和夸张；语言简单易懂，但又不失诗意；同时，作者也在散文中融入了一些哲思，例如"最高贵的复仇是宽容"。

绿 宠

🌸 心灵寄语

　　孩子在自然中玩耍，是一种珍贵的财富。或许会带来意想不到的惊喜和智慧。

　　跟几个密友去秋游，一个人指着一棵树说："酸枣树！快看看有没有酸枣！"

　　我"噗"地笑出声来，说："谁告诉你它是酸枣树啊？这应该是一棵小叶女贞，跟酸枣树半点亲戚都攀不上。"

　　"植物盲"们看我一脸笃定的样子，不得不信服。其中一个对我说："看来你认识酸枣树啊。"

　　是呢，我怎么能不认识酸枣树呢？

　　那时，我家住在大城山半山腰，儿子五六岁。

　　每到休息日，儿子会呼朋引伴在大院里玩。我呢，不断给他和小伙伴们出主意，不是说"走！咱们上山摘酸枣去"，就是说"走！咱们去烟雨湖抓蝌蚪去"。实在没地方去了，我就把我养的兔子撒院子里，让孩子们追着玩。

　　那一年，也就是这个时节，我带儿子和他的小伙伴郑威上山去摘酸枣。酸枣树满身是刺，我们三个人都被扎伤了，但衣兜里满是红的、半红的酸枣，乐翻了天。到了吃晚饭的时候，郑威的妈妈因为找不见儿子，急得满山喊。待到见我们三个狼狈不堪地从山上冲下来，郑威妈妈怒了，她把郑威口袋里的酸枣掏出来，愤愤地扔了一地。我和儿子见状慌忙蹲下帮郑威捡，郑威也顾不得妈妈恼怒不恼怒了，也和我们一起蹲下捡。最后，郑威把劳动成果一粒不少地带回了家。

我想，那天，如果和我们一起秋游的有我儿子和他的小伙伴郑威，他俩也一定不会将女贞错呼为酸枣树——从生活中得到的知识，不用刻意去记，就刻脑子里了。

你可能要问，认识酸枣树有那么重要吗？

那么，在你看来什么最重要呢？报这班儿那班儿吗？

说实话，我从没给我儿子报过这班儿那班儿，休息日用各种"野玩儿"冲抵学习带给他的压力和郁闷。我始终相信"童年玩不够，长大要补课"，而长大了再玩儿，可就赔大了。另外，身为教育工作者，我明白，对孩子的智力资源进行"掠夺式开发"，只能让他对学习产生深度厌倦和抵触；待他拥有了自由支配的时间，就断不肯用它"做正事"，只会报复性挥霍。

我并没有规定我儿子非读博士不可，是他自己"念书没念够"，考取了布里斯托大学全额奖学金博士；入职后，他又自掏腰包，利用业余时间，先后去和君商学院、长江商学院进修，直到前几天，才拿到了长江商学院的毕业证书。

我不止一次地问自己：如果儿子小时候被我报了这班儿那班儿，他都"吃顶了"，今天，他还会主动去报和君商学院、长江商学院这些个"班儿"吗？

我很庆幸当年没有拿出带孩子去摘酸枣、抓蝌蚪、放风筝的宝贵时间逼着他上这班儿那班儿。玩儿，是儿童最重要的课业；野玩，更是一笔可以随岁月增长的财富。

几年前，我看到美国《国家科学院学报》一项研究结果："儿童从出生到 10 岁之内，接触绿色环境的时间越长，成年后患上精神疾病的风险就越小。"

也就是说：童年亲近自然多，长大心理疾病少！

这项研究甚至指出："校园里有更多树木的孩子，在记忆力、注意力和解决问题的能力方面都要优于校园树木较少的孩子！"

也就是说：要想孩子学习好，校园树木不可少！

另外，有人研究过大约 300 个不同领域中富有创造力的名人所写的童年回忆录，惊讶地发现，几乎所有人的创造力与想象力都根植于他们早年在大自然中的体验。

这两项研究，无疑为我在大城山带儿子"疯玩"打了个高分，这真令我大喜过望！如果岁月可以倒转，我愿多带我儿子去钻几回山林，让他再多从大自然那里分得一些快乐与智慧。

——"绿宠"，是一种多么高级的恩宠啊！

不过，就算你信服了这样的理论，就算你的孩子恰处于 1~10 岁最适合"绿宠"的年龄段，你肯让他扔下课业，奢侈地带他去摘一回酸枣吗？

精彩赏析

散文以回忆的形式展现了作者与孩子儿时相处的经历，生动形象地描绘了她和儿子的游玩场景，以及她对孩子成长的培养方式的思考。同时，散文也涉及了一些有趣的科学研究成果，为读者提供了多角度的思考。整篇散文语言流畅，篇章结构合理，意境深邃，能够引起读者共鸣。作者对于孩子成长的理解和教育方式的探讨，也值得读者深思和借鉴。

支　柱

　　在生活中，我们会遇到各种各样的困难和挑战，只有我们勇于面对困难，善于适应环境，才能不断成长和进步。

　　朋友玉江发来刘冰的一个精彩演讲视频，是讲非洲植物的。

　　在讲到在恶劣的生存环境中如何自保时，刘冰举出了金合欢树的例子。

　　他说，非洲的稀树草原上生长的金合欢树，与我们常见的合欢树是"亲戚"。在干旱少雨的非洲，它们要长成一棵树，本就千难万难，还要时刻提防成为食草动物的腹中餐。

　　为了让自己在残酷的环境中生存下来，金合欢想出了两个办法：一是自我矮化，减少养分消耗；二是浑身长刺，确保自己这盘菜难以下咽。

　　天天跟合欢树打照面的我，第一次看到这种"刺猬合欢"，不由惊叫连连。

　　我想到了海参。

　　海参通体是刺，但它的刺柔软至极，不具备丝毫御敌功能。我一度认为，海参，简直活成了海洋深处的一截"黑香肠"。

直到我在海边听捞海参的老渔民讲了海参有多"不好惹"，我才彻底改变了对这截"黑香肠"的看法。

原来，海参在遭遇强敌时会将全部内脏喷射出去！强敌误以为眼前这个小东西瞬间土崩瓦解了，便欣然吞食了海参内脏，心满意足地游走了。

舍弃了内脏的"空壳海参"大难不死，两天之后，一副全新的内脏便在它的体内完美生成。

面对"刺猬合欢"，面对"空壳海参"，我不知该说什么。早年为学生布置过的一个作文题目此刻清晰地跳到眼前——

另一个生命，是我最大的支柱。

精彩赏析

本篇文章分别讲述了非洲金合欢树和海参在恶劣环境中生存下来的故事。作者采用幽默的语言和生动的比喻，形象地表现出金合欢树和海参为生存做出的改变和努力。文章结尾的"另一个生命，是我最大的支柱"，与文章标题相呼应，深化文章主旨，使文章结构更加完整。同时，文章通过对生命的描述，既表达了人类面对困难和挫折时应该顽强、勇敢、坚持不懈，又表达了作者对生命的敬畏和赞美之情。

柳色新

> 当我们能够停下来，欣赏这世间的美好，我们才能真正感受到生命的价值和意义。

春了，日日忙乱，竟未顾上端详新柳，直至来到迁安，路过轩辕阁，方大吃一惊——湖畔柳色，鲜润到令人生疑！

我与同行的伙伴说："走！去拍柳！"

她们说："可是，这么多桃花、杏花……"

桃花、杏花怎能留住我的脚步？我的心，已属于柳了。

有福的柳，一定生于水畔。柳是水的女儿啊，有水润着，柳才欢。

瞧眼前这几株新柳，曼妙的柳枝唰地垂下，太像女孩儿刚做了"离子烫"的发丝，垂、顺、柔、齐、媚，不由得想将手伸进那娇黄的发丝间，爱抚，再爱抚。

当我有口无心地读王维的"柳色新"，我何曾吃透那个"新"字的妙？此刻，"柳色新"被眼前的新柳色救起，我在心里千百遍说着"柳色新"——当真"新"啊！新得叫人担忧，担忧阳光偷了它的新，担忧春风窃了它的新，也担忧柳前这个爱柳人一遍遍念旧了它的新。

瞧这万条"绿丝绦"，怎么拍都好看！蓝的天，碧的水，分明就是来衬它的呀！

如果时间充裕，我多想纵宠自己在柳下小坐半日，趁着柳一生中最美的时光。

——柳下，古代居然有人就姓这两个字呢！如果姓氏可以随意选，今天，我想任性地姓一姓"柳下"。

挥别新柳后，一眼一眼地回望它。

远了。更远了。

终于，它晕成了天边一抹黄绿色的烟雾。

——"烟柳"！这不就是"烟柳"吗！

语文课上，我曾拈起这个被古代文人深深钟爱的词，刻板地按照教科书上的注释，将"烟柳"说成是"烟雾笼罩的柳林"，但又暗自跟那霸气的教科书抬杠——那，欧阳修的"杨柳堆烟"又该做何解释呢？

此刻，我多么欣赏那个气鼓鼓跟教科书抬杠的自己，因为轩辕阁的柳使我愈加深信，"烟柳"，就是"如烟之柳"啊！

这个春日的午后，在我，是多么豪奢的时光。因为，我亲昵了柳——可碰触的，不可碰触的。

精彩赏析

本文讲述了作者在迁安轩辕阁看到了新柳，从而引出对柳的描写和思考。作者运用比喻的修辞手法，"像女孩儿刚做了'离子烫'的发丝"，"绿丝绦"，生动形象地描绘了柳的特点，增加了文章的艺术性和表现力。整篇文章语言流畅，字里行间充满了作者对柳的热爱之情。文章的意境优美，通过对新柳的描写，表达了作者对春天的热爱，对生命的热爱。

变我为虫，变虫为我

> 在这个喧嚣的世界里，我们需要一块属于自己的精神自留地。或许，你可以用心寻找一些不起眼的小生命，与它们建立一种宿命般的对话。

有几个问题一直令我百思不解：为什么高东生竟能寻到那么多稀奇古怪的虫子？为什么每一种虫子在高东生那里都有一个妥妥的芳名？为什么那些虫子在遇到高东生的镜头后就竞相献上绝色抑或绝技？

人与人相遇，讲究一个"缘"字，人与虫也是吧？或许，相遇之前，他与它，朝朝暮暮深切思念着对方，不走进对方的生命就誓不罢休。

我曾有幸目睹过高东生拍摄虫子。一干人，在皓首俯仰的芦花旁散漫地走，边走边指天画地。走着走着，背着笨重摄影器材的高东生就不见了。待我们趱回去，却见他正倾心地工作。他用的是微距镜头，整个人几乎是在与拍摄对象跳贴面舞了！那些微渺的生命，轻易就逃过了一群傲慢者的眼睛；只有那巡礼般走过的人，才会被一个看不见的邀约姿势殷勤挽留。于是，一种宿命般的对话便在秋阳下热烈进行。

随便抽出高东生的一帧作品，你都能在画面上真真切切地读到两个字：治愈。你灵魂深处的某种躁动不安，被一只不起眼的小虫窥破、衔走、啮噬、消解……我就曾在阒夜迷途的时刻，独自与高东生镜头中灵异的豆娘对话，那个仿佛是从我童年飞来的精灵，翅上驮着一豆光，却可供我的精神富丽澡雪。

高东生是个有着深湛文字功底的语文教师。他的"摄影散文"每一篇都至精至美。讲真，我曾无数次为自己当初慧眼识英地将他的图与文推介给《读者·原创版》而暗自得意！至于《虫子的江湖》一书的热卖，则更令我兴奋得捐弃了睡眠……须知，那高东生可是个"带镰"的人啊！他走到哪里，就在哪里毫不客气地收割一批"虫儿粉"。这本书，妙就妙在，它智慧地挖掘出了读者的"潜需求"——在你讲不清你的书柜饥渴地思念着什么的时候，这本书款款地来了；它不事张扬地在那里轻巧地一坐，却顷刻让你听到了一种静默的喧哗。你颔首：嗯，这恰是我想要的静默，也恰是我想要的喧哗啊！

我坚持认为，优质的生命是要有一块可贵的"精神自留地"的。丰饶的人儿，需要在那里种些无关稻粱的植物，比如人家高东生就种了虫子。

你与你之所爱，厮磨久了，自会相契相融，物我兼忘。"变我为虫，变虫为我"，这大概就是高东生的至高追求了吧？一想到一切均不能撼动一颗爱虫的心，我就忍不住窃喜，就忍不住对着那痴心觅虫、拍虫、写虫的人隔空喊话："Goon（呆子）！高东生！"

精彩
——赏析——

　　作者以高东生的虫子摄影为主线，通过一系列的描写和叙述，展现了高东生与虫子之间的特殊关系。作者运用了比喻、拟人、象征等手法，将高东生的摄影作品与治愈联系起来，使读者心底的某种躁动不安得到了舒缓。同时，作者还通过描绘高东生在拍摄时的情景和状态，将读者带入了一个充满诗意和神秘的世界。整篇文章的语言表达优美、细腻、充满感情，让人读来如沐春风。

虫　爱

🌸 **心灵寄语**

> 　　生命是一根瞬间划亮的火柴，趁着这短暂的光明，让我们珍惜每一个瞬间，发现生命之美，品味生命之轻，用爱和感恩的心态，与周围的生灵相互取暖、相互欣赏，用一生去感受这世间的精彩与美好。

　　一个人，坐在家里，看法国导演雅克·贝汉花费 15 年的时间拍摄的影片《小宇宙》，竟忍不住一次次在电视机前纵情地欢呼。

　　——这是一部精彩得让你不得不纵情欢呼的影片。

　　这不是一部普通的纪录片。记录者把自己对生命的领悟乃至自己的生命都慨然地融进了画面。片子讲述的是"草间的生命"——生活在草叶中的各种昆虫。但妙的是，每一个观看者都能从那些虫子身上发现自我。

　　美丽的瓢虫在一片草叶上行走，雨来了，有那么一滴，恰巧打在它的花壳上；小小的虫子，显然不胜这猝然的一击，它试图稳住自己，并且它还努力做了个展翅欲飞的动作，但那一滴雨的力量实在是太大了，可怜的虫子终是被掀翻了。

　　月夜，一只螳螂站在狗尾草的绒棒上面，表演一种高难度的体操。它几乎是遵循了某种美学原则，优雅地屈伸着自己的六条腿，随后摆出了那个类似祷告的经典姿势，前腿上的锯刺历历可数——我想，它一定不是表演给镜头看的，那么，它是表演给月亮看的吧？

镜头继续带着我在草叶间行走。我看到一个毛茸茸的东西，从一截管状物中一点点地挣出。起初，我认不出那究竟是个什么东西，到后来，我看清那毛茸茸的东西上面有一对眼睛，便猜到了那是正在经历着蜕变的生命。丑陋的茧，被慢慢摆脱，从茧中走出的蛾子鲜亮得令人惊异。它细长的腿初尝了这世间习习的凉风，禁不住轻轻地颤抖了一下，随即就变得从容了。镜头转到它的背部，随着它与茧子的彻底分离，它的翼翅完整地显露出来。直立的蛾子，仿佛披了一袭半透明的婚纱。它新娘般骄矜地站立着，顾盼生辉。面对这瞬间登仙的生命，你除了欢呼，又能做什么？

在这部精妙绝伦的影片当中，拍摄者的得意之笔实在是太多太多了。不过，"蜗牛的爱情"一定是最令拍摄者得意的吧？雨后的芳草地，水珠在草叶间打滚。有两只蜗牛，从不同的方向朝一个宿命般的地方走来。它们走得那样迟缓，却又走得那样执着，仿佛冥冥中有一种不可抗拒的召唤。终于相遇了。触角轻触了一下对方，却立刻闪电般缩回了。再次相触时，已有了某种默契。贴面，交颈，一只蜗牛的头索性缱绻地陷入了另一只蜗牛柔软的身体里面，然后又无限眷恋地抽身。两个晶莹剔透的身体长久地缠绕拥抱，而它们随身携带的精巧房子则幸福倾斜，颠倒……芳草见证了它们两个的爱情，云彩见证了它们两个的爱情。在它们透明的身体忘情交合的时刻，花腔女高音激情澎湃地吟唱着爱情的颂歌。天地之间，两只蜗牛的爱情是那样隆重、热烈、圣洁、美丽。

…………

昆虫的艰辛、昆虫的优美、昆虫的蜕变、昆虫的恋歌，这些都不过是昆虫的体验，但又绝不仅仅是昆虫的体验。对小宇宙的大领悟，是雅克·贝汉献给人类的曼妙情诗。说到底，在这个世界上，人与虫，所拿到的都不过是一张单程的生命车票。生命之前，生命之后，皆是无尽的黑暗。生命，是一根瞬间划亮的火柴，趁着这短暂的光明正被我们幸运地拥有，让我们张开慧眼，看重生命之轻，看轻生命之重，让生活在这个世界上的所有生灵都互相发现、互相欣赏、互相取暖吧。

精彩
——赏析——

本篇文章生动展现了昆虫的生命、蜕变和恋爱以及它们与人类的关系。作者将自己对生命的领悟融进了雅克·贝汉的影片中，让每一个观看者都能从昆虫身上发现自我。作者以细腻的表达和雅克·贝汉巧妙的镜头调度相结合，把昆虫的艰辛和优美展现得淋漓尽致，让人不禁心生敬畏之情，特别是"蜗牛的爱情"，更是细腻动人，让人为之动容。本文通过对昆虫的描写，生动地展现了生命和自然的轻重和美好，寄托了人类对生命和大自然的敬畏之情。

抬头看云

🌸 心灵寄语

> 如果我们能够放下一切杂念，停下忙碌的脚步，用心去观察周围的一切，我们就会发现，原来生活中有那么多美好的事情等待我们去发现。就像天空中的云彩一样，只有当我们仔细观察、用心感受，才能真正领略到它的美丽和神奇。

一天骑车走在路上，突然发现前面一辆出租车的后玻璃装饰得十分考究，那曼妙灵动的纹路，似花非花，一漾一漾的，让人的心旌也跟着摇荡起来。我快骑几下，试图看清那究竟是些什么图案。吱——前面一个紧急刹车，我自行车的前轱辘差点儿顶住了那辆车的尾灯。我惊惶地叫了一声，同时看清了那勾走我眼波的所谓花纹，居然是车玻璃反射出的天上的云彩！

我自嘲地笑着，索性跳下自行车，举头望天，全心全意地看起云来。

好白的云，好美的云。就在我的头顶上，悄然无声地上演着一幕多么精彩美妙的剧目啊！

为什么我的步履总是那么匆遽？我的鞋子上蒙着一层细尘，我的眼睛无缘阅读洁白美丽的云朵。这双眼睛在追逐着什么？这颗心儿在遗忘着什么？如果不是借着一方玻璃的提醒，我是不是就不再记得头上有一个可供心灵散步的青天？

"妈妈，这个阿姨看云呢！"

我被一个响亮的童声惊动了。循声望去，见一位母亲正用力地推搡一个五六岁的小男孩——显然，这位母亲是在怨责她的孩子用一句冒失的喊话冒犯了我这个陌生人。我心里咯噔一下，想，在我举头望天的时候，我一定成了路人张望指点的对象，他们会说我痴说我呆，他们在心里讲着同情我哀怜我的话语，甚至还可能会为自己敏锐的洞悉而沾沾自喜。然而，他们全都错了，只有这个纯真的孩子理解我，懂我。

亲爱的孩子，我小小的知音，你相信吗？在这个喧闹的世界上，有许多事情真的并不比看云更重要。如果你愿意，就请和我站到一起，让我指给你看吧——天上，开着那么多那么多来不及摘走的花啊……

精彩
—赏析—

这篇散文生动地描绘了作者骑车时突然发现一辆出租车后玻璃上反射出美丽云彩，从而引发对自然美景的感悟和思考。文中通过自己的感受和思考，引发了读者对于日常生活中的美感的反思。作者通过一个小男孩的话语，更进一步深化了文章主题。将大人对"我"的指指点点与孩子对"我"的理解进行对比，揭示出大人往往被世俗所困，丧失了孩子般的纯真，不会再去做"看云"这种无用的事，进而鼓励读者在忙碌的生活中停下来欣赏美。文章的主题和主旨都非常清晰，同时也具有强烈的感染力。

一湖云

当我们遇到美好的事物，比如一湖云，它们会给我们带来无限的感动和安慰。这些美好的事物，像是天赐的礼物，让我们感受到生活的美好和意义。

来到镜泊湖，获赠一湖云。

此前，我被允来此处戏水泛舟，啖鱼赏瀑。何曾料到，她送我的见面礼，竟是一湖云！

才知道为何会用"镜"来命名一个湖。当真就是一面平滑洁净的"镜"啊！苏轼所谓"风静縠纹平"，应该就是此番景象吧。再看那"镜"中的白云，一朵朵，仿若被绣在了湖的天心。一时间，我竟可笑地以为，只要我的手法足够高妙，我就能轻巧地揭下那一匹匹美丽的织锦，裁袍缝衣，一任我意。我大张了双臂，在意念上拥住了这一湖云。我深信，我此刻拥住的，已是这个湖所能给我的绝顶美色。我仰头望天，跟云们说："嘿！你们一个在天上，一个在湖中，硬是把我夹在中间——你们，竟不怕生生把我美死吗？"倏然间，莫西子诗的歌从唇边冒出来，牢牢缠住了我——"我们就只是打了个照面，这颗心就稀巴烂……""稀巴烂"的心，一点点

45

被我抛进水中的云端，覆水难收。

坐在餐桌边，却不停地低头看手机。我在搜索镜泊湖的四季气温以及牡丹江的房价。搜完了，自嘲地暗问："难道，你打算来此地定居吗？"——我狂野不羁的"打算"，总是华丽丽越过了我谨饬审慎的理性，以一副荒唐至极的面目，小丑般跳到我面前。然而此刻，我却无意自嗔自责。我温柔地对那个荒诞不经的"打算"说："要怨，也委实怨不得你。"

借宿湖畔的几天，天天怀着不可告人的目的，来湖边找寻那一湖云。然而，镜子沉入了湖底，湖面起了波澜，天上的云，也早已不知所终。可我却是如此执拗，直到上车前，还借口去洗手间，跑到落地窗前瞄了一眼那湖。特别渴盼瞄见那一湖云，特别害怕瞄见那一湖云——我想要一个重温的时刻，又担心多一份牵绊的理由。

我回到了远离那一湖云的城市。

不能听到有人提及镜泊湖，不能听到有人提及牡丹江，甚至不能听到有人提及东三省。只要一听到，立刻进入极度兴奋的状态，自顾自开讲"一湖云"。

单位对面有个烟雨湖，小得可怜，湖面没有云朵来殷勤投影。深秋时节，我和白头的芦苇们并排站在湖边。面对琥珀色的湖水，我听到我心底有个声音在说："请允许我为你做一件事——把我获赠的一湖云，转赠给你吧！"我开始不辞辛苦地从心头往下卸那些繁丽的云朵。她们那么轻盈，那么乖巧，那么任人摆布。很快，我就卸了满满的一湖云。我俯首凝视自己的怀抱，仿佛是要检点心头还剩有几朵白云。突然，我兀自笑起来，因为，我发现自己心中的云朵居然越卸越多……湖畔有红男绿女在走，然而，没有人看见我"卸云"的壮举。芦苇们前仰后合，仿佛在笑，莫非，它们觉察到这湖起了微妙的变化？反正它们和我一样，莫名欢悦起来。

一湖云，厚待过我，抚慰过我，招引过我，追随过我，幽禁过我，救赎过我。在太阳底下那面硕大的镜子旁，我接受了一种异样的美的点化，从此，我的怀抱不再寂寞空虚。

心中装有一湖云，逢水即牧一湖云。云在我心上，我在云心头……

精彩赏析

这篇散文表现出了作者对湖泊的深切感受，通过对湖水、云朵的描绘以及对自己内心的反思，表达出了一种超越现实的美好情感。作者将湖泊与自己的内心紧密联系在一起，通过云朵的比喻，表达了内心的柔软和对美的追求。整篇文章情感真挚，意境优美，是一篇优秀的散文作品。

兰花开了 18 朵

只有坚持不懈地追求自己的目标，才能在时光的长河中留下美丽的印记。

我家这株蝴蝶兰，真真是个慢性子——一簇花，耗费了整整66天的时间，才算是开完了。从2月24日到5月1日，总共开了18朵花，平均3.67天开一朵。我跟她说："你可是我拉扯大的呀，咋这脾性半点都不随我呢？这么慢条斯理地开，你是打算把全部春光都占尽了吗？"

这株浅绿紫心蝴蝶兰，去年已在我家贡献过一个花期了。当初，她与一群伙伴盛装驾临寒舍，我以为花谢后她们就永远睡去了，但唯有她是个例外。她们走了，她却独自抱着6片不肯枯萎的叶子，若有所忆，若有所思，若有所冀，让我不得不对她另眼相看。

整整一个夏天，她的叶子都没有半点变化。每次给她浇水，我都会不安地问她："你还活着，是吗？"

深秋时节，她终于有了动静——抽出了一支箭！真的就像箭一样，眼看着往外抽。噌噌噌，几天就抽出了三四十厘米高。

箭抽好了，她开始孕蕾。她真是个"心机兰"呢！这里缀3个蕾，

48

那里缀 5 个蕾，算计得滴水不漏。

我以为她春节会开花，但是，没有。那些花蕾被她孕得太认真了！从小绿珠到大绿珠，从小铃铛到大铃铛，她有条不紊地按既定方针行事。

眼瞅着最大的那个花蕾就要炸开了，我却要出差。气急败坏地跟我家老徐说："你盯着那棵蝴蝶兰，她快开花了！"老徐说："我盯她干吗，她又不会飞走！"

4 天后我回到家，发现最大的那个花蕾依然闺帷紧闭！嘿！她分明在等我！

2 月 24 日，星期天。晨光乍现，兰心惊破。我看见浅绿的花瓣一点点舒展开，在花苞的最深处，神秘的紫色斑点若隐若现。大自然果然是最高明的配色师，浅豆绿配水晶紫，竟如此明艳不俗，好看到让人想即刻剽窃了这绝佳的配色方案，缝件花苞裙，美美穿起来。

接下来，我们一只只迷人的小蝴蝶慢腾腾地次第飞来。先前养蝴蝶兰都会有花蕾枯落，这株却大不同，每个花蕾都毫不含糊地开成了花。最让人惊叹的是，第一朵花与最后一朵花相隔 66 天，但第一朵花居然未显颓势，最后一朵花亦不显稚态，竟仿佛是同一天开好的。

屈指算来，从孕蕾到盛开，蝴蝶兰的花事已持续小半年了，看样子，开到 6 月份丝毫不成问题。都说"花无百日红"，可你瞧人家这株"心机兰"，硬是要抢占 200 天的"焦点时刻"呢！这 200 天又何尝不是我的"兰日"？"兰日"里的我，又怎肯让生命的每一个时刻流于枯寂？

苏轼有诗道："只恐夜深花睡去，故烧高烛照红妆。"亲，那就让我隆重为你亮灯一夜，请你好好欣赏自己得来不易的美妆吧……

精彩 ——赏析——

本篇文章以作者家中的一株蝴蝶兰为素材，叙述了蝴蝶兰缓慢而有条不紊的成长历程，并运用拟人、比喻的修辞把蝴蝶兰的开花过程描绘得十分细腻，让人陶醉其中。作者从蝴蝶兰的花期、颜色、花瓣形态等多个角度进行描写，让人置身其中，感受到了蝴蝶兰的美丽和神秘。同时，作者也在文中表达了自己对生命的珍视和对美的追求。

井底有个天

🌷**心灵寄语**

每个天井里都藏着对生活的美好祈愿。

在"万里浮云阴且晴"的日子里，徽派建筑等来了远道而来的我。

粉壁黛瓦马头墙、木雕砖雕石头雕，我都可以不看，偏偏迷上了"天井"。好端端的房屋，没来由地就在屋顶开了个长方形的洞，暗沉沉的房里，跌进一束天光。在宏村，在黄村，在渚口村，天井引我仰望。

殷实的人家，房屋都是用上好的木板围合而成。木香裹挟了我。不是那种新鲜的刨花的香，而是年轮被岁月的手反复摩挲的香——沉郁、低回、缠人。没有窗户，也无需窗户，天井里流泻而下的光，充溢了房屋的每一个角落。坐在一把包浆喜人的老木椅里，安静地抬眼望天。突然发现，那天井居然是活的——流云带动了天井，那精心镶嵌于屋顶上的画，便朝着与风相反的方向游移。好好的阳光，倏然落下几滴雨来。亮亮斜斜的银丝，就在我眼前落下。幽暗的老屋，被这几丝不期然飘落的雨挑逗得风流蕴藉；我看见雨落在"井底"滑腻的苔藓上，又不动声色地消隐于水槽中。我看呆了。想，若是落雪呢？（导游说过，这地方冬日是要落雪的呀）炉中的火苗舞蹈着，被雪拦在家中的人儿，"卧观天井悬"，看一朵朵雪花从天井里热切地扑进屋内，边坠落，边融化，坠到青苔之上，已没了筋骨。又忍不住想，若是夏夜呢？夏夜里繁星闪烁，坐在凉爽而又蚊虫不侵的屋内，摇了扇子，悉心点数天井圈住了几多星星，暗暗记下，与下一个夜晚天井所圈住的星星作一下比对，隐秘的欢悦，漫上心头……落花时节，天井会飘落花瓣雨吧？有鸟飞过，天井会滴落鸟啼声吧？

"四水归堂"，导游这样讲。天井，本是用来承接天降的雨水与财气的，四方之财，犹如四方之水，汇聚于我家——晴天阳光照进天井，即是"洒金"；雨天雨丝飘进天井，即是"流银"。又有民谣道："家有天井一方，子子孙孙兴旺。"或许，每一个天井里都藏有这样的美好祈愿吧。然而，我不相信为自己的家族祝祷乃是天井唯一的使命，就像我不相信世间花朵的绽放只是为了传宗接代一般。想那第一个建造天井的人，他一定是一个兼具哲人智慧与诗人气质的建筑家。他近乎负气地说："谁说天光一定要从四方的窗牖里泻落，我偏要从屋顶开一扇窗，恭请日月进驻，恭请风雨进驻。我就是要在井底有个天！我就是要在房屋的中央，供奉一个不走样的自然！我坚信，这一方自然里，住着福气，住着神祇！"——他赢了。在他身后，呼啦啦，千万间房屋都争先恐后地开了天井。于是，这里的人家都开始借一眼通天接地的井，纳财、纳福；于是，太阳在俯瞰这个蓝色星球时，便忍不住朝这一片与它友好对视的眼睛多看了几眼。"会呼吸的房子"——这是外国友人对有天井的徽州老房子的由衷赞叹。是呢，借助一个神奇的孔洞，房屋呼出了浊气，吸进了生机。

当地人说："天井，是家庭的中心气场。"在"中心气场"的外围梳理四季，四季也变得圣洁起来、馨香起来。拥有天井的人家，该拥有怎样的岁月呢？这些人家，勇毅地掀开了生活的一角给天看，指天发誓，似乎成了一件更易于实施、更易于应验的事。——我发誓不负天下。我发誓不负春光。我发誓不负卿卿……一言既出，日月可鉴。用心耕犁生活的人，怀抱一颗拙朴的心，铭镂庆渥，感念福泽，屐痕至处，处处花开。

好人是最好的风水。懂得敬畏，懂得惜福，懂得图新，懂得守璞，懂得将自心与天心抟捏成一个整体——这样的人，不就是一块行走的"风水宝地"吗？

——剪一方澄澈的蓝天，镶嵌于刻板黯淡的屋顶之上。自此，头上有个井，井底有个天；自此，林木的呼吸就来殷勤应和我的呼吸，天地的心事就来殷勤刷新我的心事。井在。爱在。烟火在。

精彩赏析

这篇散文从一个游客的角度，生动地描绘了徽州古建筑中的一个独特元素——天井。通过对天井的介绍，展示了徽州古建筑的风格特点，同时也深入探讨了天井背后的文化内涵和民俗传统。作者通过自己的亲身体验，带领读者一同探索天井的神秘和美丽。文中的细节描写，展示了古建筑的独特魅力，使读者对徽州古建筑有了更加深入的了解和认识。

树先生

> 树是生命的礼物，也是大自然的艺术品，我们应当像尊敬生命一样尊敬树。

春日里，应邀到阔别多年的学校旧址去参加一个活动。一路走，一路叹——变了，一切都变了。远远看到那个放置着我青葱岁月的校园，也已面目全非。下了车，走在曾经熟悉的路上，履底已然寻不到往昔的足迹；所有的建筑都是新的，新得让人手足无措。突然，我惊呼起来——我看到了记忆中的那五棵老丁香树！它们居然无恙！它们居然一如我初到那年的春季，安静地开着淡紫色的花朵！我奔过去，抚摸它们，在心里说着温存的问候语……我回头对身边的一位活动组织者感叹："只有这几棵丁香树是老东西了。"她笑笑说："规划这楼房的时候，本应砍掉这几棵丁香树。但是，关键时刻，有个人站出来替它们说了几句话。他说：这几棵丁香树都70多岁了，比咱们都生得早，按理说，咱们应该尊它们一声'树先生'才对，欺负老先生，不合适吧……就这样，楼房往后跳了两米，丁香树留下来了。"后来我知道，为树请命的人就在活动现场，登时对他生出敬意。

——敬重树的人，让我敬重。

在绥中，遇到一位爱树的校长。那校长讲了一个关于树的故事——有一年秋天，他瞄上了一棵高大的银杏树，恰好他的新学校刚刚落成，若是能移来这棵树，那可就太添彩儿了。他便竭力跟能做主的人套近乎，那人终于开口讲了一个价。"其实就是半卖半送。"校长说。到了来年春上，他备足银两，预备去买那棵银杏了。但是，负责移栽的专家去了现场，感叹道："这么美的树形，砍掉枝干真可惜；就算砍掉大部分枝干，成活的可能性也只有70%。"校长一听，毅然决定放弃买树。他对我说："每年秋天银杏叶子黄透的时候，我都要去看看那棵树，很庆幸自己当年没做傻事。"这位校长曾来过我们学校，当听我说学校面临搬迁时，他首先操心的竟是校园里的那五棵雪松。"你们一定要请最好的林业专家帮你们移栽。记着，挖树前要在向阳的那面做个标记，栽树的时候，阳面必须还要朝阳。"

在南宁的钻石海岸酒店前，有一棵巨大的榕树。直直的马路，为了避让它，竟谦卑地拐了一个弯。清晨起来围着它散步，惊讶地发现树下有红绸、有香灰！我想，来烧香的人，一定痴信树里住着一个神，他们向着那树顶礼膜拜，对它的神力深信不疑。

在贵州梵净山乘坐缆车时，我身边坐了一位同行的植物学家。他无视身边几个女孩夸张的尖叫和摆造型拍照，两眼直视窗外，一一呼唤沿途树木的名字，语调亲切，如唤亲人。我知道，一到梵净山，他就开始不懈地寻找一种叫作"柔毛油杉"的珍稀树种。因为他左一句"柔毛油杉"、右一句"柔毛油杉"，搞得大家都会讲这个拗口的树名了。末了，索性就将"柔毛油杉"当了他的绰号。

听一位老师讲牛汉的诗《悼念一棵枫树》，那是那位老师自选的一篇课文。我猜，他定然是爱诗的。当讲到"哦，远方来的老鹰，还朝着枫树这里飞翔呢"时，他突然嗓音发颤，不能自已……我连忙埋下头，不敢看他。听完了课，我明白了，他对树的爱，远远超过了他对诗的爱。

无论是先于我生的树还是后于我生的树，都请允许我尊你一声"树先生"吧。——树先生，你的内心，也有隐秘的欢乐和忧愁吗？你也渴盼着知音的出现吗？当我有幸邂逅了你，你能读懂我对你心怀的深度好感吗？日月经天，江河纬地，你静默地站在一个属于自己的位置上，用枝叶对话阳光，用根须对话泥土。你活成了圣哲，活成了神祇。你给予我生命的柔情抚慰，胜过了一打心理医生。遇见你，敬慕你，礼赞你，祝福你，除了这些，我不知自己还能做些什么……

精彩赏析

此篇散文通过对树的赞颂，表达了作者对树的深情与敬重。文章通过描写树在不同场景下的形象，表现出树的神秘之处，并通过描写树的历史和生命，抒发了作者对树的感慨和思考。整篇文章语言流畅，描写细腻，意境深刻。在写作上，作者通过多种手法的运用，使文章更加生动有趣，展现了树的美丽和力量，让人为之倾倒。此外，文章对树的描写也具有深刻的思想内涵，让人深入思考人与自然的关系，具有一定的启示意义。

玉兰凋

> 生得绚烂，谢幕庄严，这样的一生是美好的，无遗憾的，不可亵渎的。

几日外出，竟辜负了玉兰花开。怎么就忘了她的花期？若记得，那能不能成为我拒绝此次外出的理由？我说："适逢我家玉兰花开，故不便外出。"这样的请假缘由，会不会被人讥为痴骏？

六株不高也不矮的玉兰树，长在我每日坐守的地方。冬天就给她们相过面了——这株枝上花蕾稠，那株枝上花蕾稀；花开时节，那稀的，可撑得住头顶一方蓝天？操着这等闲心，暗淡的日子里就摇曳起了虚幻细碎的玉兰花影……

抬眼处，我惊呆了——玉兰，正大把大把地抛洒如雪的花瓣。那些硕大的白花瓣，每一瓣都还那么莹洁鲜润呀！她们，可真舍得！仿佛听到了冥冥中的一声号令，趁着容颜未凋，决然扑向泥土。

这六株玉兰，是我见过的所有玉兰中的极品。花开得早，那些灰突突的慢醒植物都还在伸懒腰呢，她早精神灿烂地在微凉的风中吟诗作赋了；花色纯白，白得晃你的眼，最盛时，满眼是纤尘不染的白鸽，在枝上做欲飞状，惹得你大气儿都不敢出；花朵奇大，每一朵花，都大过我平摊的手掌。那年花开，我悄悄拿手去量她，被"喂"的一声断喝吓了一跳，——是园丁，他以为遇到了窃花贼。见识了这六株美到极致的玉兰花，我品鉴起她们的同类来可就有了底气。遇到一株紫色玉兰花，众人皆赞，我却直接跟树上的紫玉兰对话："你咋弄了件这种颜色的袄子穿上了？学学我家玉兰，穿白色吧——白，是一种无敌的艳。"

黛玉说："花谢花飞飞满天。"说的是那种花瓣菲薄的花，比如桃花，比如杏花，花瓣小过指甲盖，薄到无风都可旋舞。那等花，仿佛就是为谢而开的。玉兰凋，全然不是这样的，它太像一种仪式了，华妙，庄严，神圣，让你生出千缕思、万斛情。你想说"珍惜哦"，话还未及送出口，竟变成了"喜舍哦"；你想接住那跌落的硕大花瓣，手却迟迟没有伸出，你跟自己说："寒素的大地不也正焦灼地等待着承接一种美艳吗？"你为自己冒出的打劫之念愧怍不已。

早年，我竟不知玉兰的花芽居然是在头年秋天叶子脱落之后生发出来的。她要经过漫漫一冬的长跑，方能迎来生命华彩的粲然绽放。有一回在电视上看一个民间艺人展示他的作品——毛猴。上百只活灵活现的毛猴散布在袖珍的"花果山"上，煞是有趣。后来，艺人开始讲述毛猴的制作过程，竟是拿玉兰花蕾做的猴身！我叹起气来，忍不住跟那艺人隔空对话道："猴子无魂，不来扰你；玉兰有魄，借猴鸣冤。"

一直在想，谁，是赐予你芳名的人呢？玉质兰心——除却你，谁个又能担得起？《镜花缘》中有"百花仙子"，司玉兰花的仙子是"锦绣肝"司徒妩儿。好想知道，今日我眼前这六株玉兰树，在那妩儿的辖区吗？

就在我伫立痴想的当儿，玉兰花瓣仍未停止脱落。树下，铺起了奢华的白毯。瞧她走得多么欣悦！仿佛是欢跳下去的。我想，此刻，如果我叹息，她定会为我的叹息而叹息。在走过一段芬芳的历程之后，她庄严谢幕。我似乎听见她对我说："我苦过、待过、美过、爱过，我的一生，没有缺憾。"

——玉兰凋，于我而言，是一个不能忽略的精神事件。有一些艳不可渎的花瓣，直落进了我的生命里……

精彩赏析

　　文章主要写的是玉兰凋谢，通过对凋谢之景的描绘，表达作者对玉兰的赞美。那庄严的凋谢之景，可以让我们感悟到生命虽然短暂，但只要苦过、美过、爱过，就没有缺憾。本文多种修辞的运用，让玉兰的形象更具体。作者运用对比的手法突出玉兰的特点，写黛玉歌咏的凋谢之花，是为了与玉兰的凋谢形成对比，突出玉兰花凋谢的庄严与伟大，为表现文章的主旨服务。运用了拟人的修辞，赋予玉兰以人的性格，写她在早春"吟诗作赋"，形象生动地表现玉兰花期的早，突出玉兰是花中的极品。写的是玉兰凋，却从玉兰花开写起，而且作者写玉兰花开主要表达的是自己错过玉兰花期的后悔之情，是为了引出下文对玉兰凋的描写。

―――――――

1.阅读《柳色新》，回答下面的问题。（9分）

（1）文章中说"柳是水的女儿"，请问这句话的意思是什么？（2分）

_____

_____

（2）作者在文章中提到了王维的诗句"柳色新"，并解释了"新"的含义。请问这个"新"的含义是什么？（2分）

_____

_____

（3）请问在文章中，"烟柳"的含义是什么？（2分）

_____

_____

（4）文章中作者非常喜欢新柳色，认为它非常美丽。请问为什么？（3分）

_____

_____

2.阅读《玉兰涧》，回答下面的问题。（9分）

（1）玉兰花的花朵有什么特点？（2分）

_____

_____

（2）作者对玉兰花的态度是怎样的？（3分）

_____

_____

（3）读完本文后，说说你获得了哪些人生感悟。（4分）

_____

_____

_____

3. 写作训练。（60分）

　　花虽多，但无奇花异草。珍贵的花草不易养活，看着一棵好花生病欲死是件难过的事。我不愿时时落泪。北京的气候，对养花来说，不算很好。冬天冷，春天多风，夏天不是干旱就是大雨倾盆；秋天最好，可是忽然会闹霜冻。在这种气候里，想把南方的好花养活，我还没有那么大的本事。因此，我只养些好种易活、自己会奋斗的花草。

　　喜欢植物的人很多，这些植物在作家的眼中有别样的风采，你喜欢什么植物呢？请自拟题目写一篇文章。

　　要求：审清题意，立意准确，字数不少于800字。

怀 表

❤ 心灵寄语

即使珍贵的怀表不在了，但大舅留给我们的精神财富却永远存在。

我幼年时曾一度随大舅在湛江生活。

初到湛江，有人指着我问大舅："这是谁呀？"大舅乐呵呵答："女儿啊。"

清楚地记得，大舅家客厅最显眼处，挂了他的大照片。大舅母不断指着照片告诉我说："帅。"

差不多，那就是我最早认识的"帅"了。

大舅名叫张桐林。他和我大舅母李淑晶，是在抗美援朝战场上相识并相爱的。

大舅几乎不会发脾气。大舅喜欢包极小的饺子。大舅会挑剔我做的女红。大舅希望我长大了当医生（大舅母就是一名军医）。

看着大舅绵软的性子，很难将他跟那场酷烈的战争联系在一起。所以我总缠着他问："你真的打过仗吗？"

直到那个物证——怀表站出来说话。

那是一块"洋表"（我至今不知道它是什么牌子），是上级首长作为奖品颁发给他的战利品。后来，他揣着这块怀表上了战场，一颗子弹打来，刚好打在表壳上，他捡了一条命，但那怀表从此就停走了。

大舅把这块救命的怀表托付给了他的妹妹、我的母亲保管。

我是在读高中时回到母亲身边的。每逢母亲打开她的宝贝小竹箱，我一定凑过去贪馋地看——母亲把那块怀表同户口本、我的胎发、她的贝壳项链等贵重物品都锁在那个小竹箱里。

多少次，母亲拿起那块怀表，不厌其烦地向我展示表壳上面那个靠近边缘的、发黑的凹坑。而我最感兴趣的却是怀表上银链子牵着的一个银鼠吊坠。那只银鼠，有着长过身子的直溜溜的尾巴，摸上去，手感好极了。

后来，当我在书中读到抗日勇士王建堂、谭道深等因口袋里装的银圆挡了子弹而逃过劫难时，我都会想起大舅和他的怀表。

那一年，一个在北京工作的堂叔来到我家，听说母亲手里有一块"洋表"，大感兴趣！母亲于是打开竹箱拿出宝贝给他瞧。堂叔边看边摇头说："这不值钱！表壳上这是看得见的伤，里面的零件也有看不见的伤，修都不值得修；再说，表壳也不像是纯银的……要说值钱的，也就是这根银链子和这个银老鼠了吧。"

再后来，我外出求学、工作，自然疏离了母亲的小竹箱。

母亲失智后，我为她收拾衣物，突然想起了那块怀表。我问母亲："我大舅给你的怀表呢？"母亲一脸茫然："你大舅啥时候给过我怀表呀？"

我于是问弟弟。弟弟说："那块怀表扔哪儿去了我也不知道，那玩意儿不值钱！从咱大舅把它给了咱妈的那一天起，它就没走过。倒是那根银链子和那个银老鼠还不错，我拿它打了个银戒指——看，这不是吗？"

弟弟说着把手伸给我。我看到他的无名指上戴着一个粗陋不堪的银戒指。

我说不出话……

大舅已去世多年了，大舅母也于六年前追随大舅而去，那块揣着精彩故事却屡屡被人误读的怀表也已不知所终，唯一留下的，是被"值钱"标注了的一点点儿银子。唉，我这个废物"女儿"，非但没有做成大舅希望我做的医生，竟连大舅最珍贵的"人间信物"都没守住。"买椟弃珠"的伤痛，让我不择对象地跟不下十个人絮叨过这故事，看《长津湖》的时候，又借着剧情大哭了一场……岁月荒寒，山水瑟缩，我帅帅的大舅，你在那边还好吗?

精彩赏析

怀表是贯穿全文的主线，文章围绕怀表展开情节。字里行间都是对大舅的怀念和对怀表的留恋。散文描写细腻，情感真挚，读来让人感动。作者从怀表的伤口、表链、银老鼠挂件等细节入手，描绘了怀表的形象及怀表背后的故事，这块怀表救了大舅的命，但是却在不知不觉中丢失了。透露出作者对时光流转、人生变迁的思考，让读者感受到岁月无情的无奈和感慨。

立 春

💐 心灵寄语

　　我们每个人都有可能成为别人生命中的那个小小的亮点，带给他们温暖和希望。

　　年根儿底下，真是忙乱。计划好的去做头发，生生被推到了年三十上午。

　　9点多钟，我奔着一个熟悉的发廊而去，却妥妥地吃了闭门羹。玻璃门上赫然贴了一张 A4 纸，上写 6 个大字："回家过年去喽！"遂怅恨地想，是啊，人家凭什么等我呢？

　　沿着发廊聚集的那条街走，巴望着看到一家有担当的店。

　　嘿，还真有一家小店开着！

　　我推门进去，只有一个店员和一个中年男顾客。

　　见我进来，店员热情地招呼我道："姐，你好久不来了！"我吃了一惊，我此前只在这家发廊做过两次头发，这个店员居然记得我！心头一热，脸上乐开了花。

　　店员并不理坐在沙发上的顾客，径直为我忙碌起来。我这分明是"加塞儿"了呀！想到此，微微有些不安，更多的是占便宜的欢喜。

　　"咋这么晚才来做头发呀？我们中午就要关门了。"小伙子说。

我少不了叹息一番自己瞎忙，小伙子便送上许多同情。

焗发、洗发、吹发、卷发的过程很漫长，在这漫长的过程中，那个男顾客一直一言不发地看着我，脸上还带着微微的笑。我被他看得有些发毛，我问自己：我见过这个人吗？马上自答：绝对没有！那他一个劲儿地笑看着我干吗？算了，不管他了。

我继续跟店员闲聊，当我说到今年冬天还没下过一片雪可再过十几分钟就立春了时，小伙子说："姐你上次来时，下了那么大的雪呀！做完了头发，雪也停了。"

我惊讶得简直要跳起来！他居然还清楚地记得我上次来做头发的情景！整整一年了呀！我盛赞他好记性，他憨憨地笑，沙发上的男人也跟着笑——这回，他笑得格外明朗了。

我终于忍不住小声问小伙子："那个人，也等着做头发吗？"

他说："不是，那是我爸，从乡下赶来跟我过年。我让他在家里看电视等我下班，不干，非要跟我来上班，看我干活儿。"

我听了，鼻子一酸，险些掉下泪来……

我明白了，原来，这个从乡下赶来的父亲，一直在默默地陪着儿子工作，安静地欣赏儿子的手艺；他在对着儿子的"作品"微笑时，我傻傻地沾了光。

做完头发，收到一条微信，道是："人随春好，春与人宜……"看看时间，恰好是 11 点 14 分！

"立春了！你为我做的，这可是跨季节头发呀！"我欢快地说，然后，又刻意追加了一番热情洋溢的赞美话语——我知道，我后面这番话，是讲给那个父亲听的。我愿意让他得意地感到自己的儿子特别能干，我愿意他回到遥远的乡下后将儿子的故事得意地讲给乡邻听，我愿意让这份得意伴随这对父子走向人间又一个簇新的春天……

这篇散文通过一个简单的做头发的场景，展现了亲情、劳动、传承。作者将这个平凡的画面渲染成了一个温暖而充满人情味的场景。故事的结尾，带着希望走进春天，表达了作者美好的愿望，让读者感受到了春天的希望。对话描写，反映了人物各自不同的性格特性。"微微有些不安，更多的是占便宜的欢喜"，"安静地欣赏儿子的手艺"等，质朴直白的语言，让故事更加生动形象，读者更易于产生情感共鸣。

樱花与初恋

❀ 心灵寄语

> 生命中最美好的事情，往往就在平凡的生活中。即使再小的事情，只要与亲人相伴，都会成为最珍贵的回忆。

进电梯时，里面已有一个女子。她正在大声打电话，表情丰富，连说带笑，旁若无人。

逼仄的空间，我避不开，只好硬着头皮"窃听"。

女子大笑着说："大姐！你以为你几岁呀？那条裙子我都不好意思穿了，太糖果气了！你外孙女穿还差不多！你们老姐儿几个去看樱花我当然高兴，可是你穿我结婚前的那条纱裙，简直……像我妹妹了！哈哈哈。我爸咋说呀？啊？他说好看？那你还征求我意见干吗？我才懒得管你！你爱穿啥穿啥呗……拜拜老妈！明天玩儿好啊！"

直到最后，我才听明白了，这女子口中的"大姐""老妈"其实是同一个人——她戏谑地管老妈叫"大姐"。明天，老妈要与老姐儿们一起去看樱花，要穿女儿做姑娘时穿过的一条纱裙，征求女儿意见，受到女儿无限欢悦的奚落。

我突然万般伤感。

我的母亲也特别喜欢花。小学教师出身的她有句名言："常在花前走，人也显精神。"那时，我家有个院子。院子里种满了诸如朝荣、蜀葵、紫茉莉、染指甲花等各种"小贱花"。母亲总是细心地收了花籽儿，待我回家，郑重地递给我几个小纸包，嘱我带回自己的小家去种。打从我记事起，我家每年冬天都要水养几个白菜根，年前年后开出金灿灿的"白菜花"，让陋室顷刻变成殿堂。

今年春节前，我水养的白菜根开花了，我多想跟母亲视频聊天，让她看看她女儿养出的"白菜花"有多漂亮，但是，我缠绵病榻的母亲已不能够自主使用手机，也不再能够与我顺畅交流。

我多么嫉妒人家的母亲，穿起"糖果气"的纱裙，呼朋引伴去赏樱。我在心里对电梯间的那个女子说："你'大姐'爱穿啥就穿啥吧！你不干预，如此，甚好！"

最近读陆晓娅的《给妈妈当妈妈》，读到一个情节时，不由掩卷长叹——作者的母亲与我母亲一样，患的也是"认知障碍症"。孝顺的女儿为了不让母亲在有生之年留下太多遗憾，毅然带着母亲去拜望她的初恋情人。可是，见面之后，母亲已无法与对方交流，那锦年的情事，已彻底被她脑中的"橡皮"擦净，不留半丝痕迹。苏东坡有诗道："泥上偶然留指爪，鸿飞那复计东西。"其实，对一个"认知障碍症"患者而言，连那"泥爪"都被命运残忍地收走了呀。

樱花与初恋，这凡尘的锦灿，转眼即可将人抛闪。我们无福跟着电影中的贾玲"穿越"，将正值芳华的母亲摆进一阵樱雨、一阵熏风。我们只能守着被花香疏弃、被爱情弭忘的母亲，轻轻对她说："妈妈，我再没有比此刻更爱你。"

精彩
——赏析——

　　这篇散文以一个女子在电梯里，与她的母亲打电话开篇，引出作者自己的情感体验，通过对花、初恋等情感元素的联系，表达了对母亲的爱和对逝去的时光的感慨。散文语言简洁流畅，情感真挚，能够引起读者的共鸣。同时，散文的结构也很有层次感，通过女子与她母亲的对话，引出作者对自己母亲的想念，增加了文章的情感深度。整篇文章的氛围温馨，让人感受到一位女儿对妈妈的爱。

我发现了一万种无效的办法

🌸 心灵寄语

悲观是让我们更勇敢、更努力的动力。

当年读廖一梅《悲观主义的花朵》，有一个句子，一入眼，就往人心里狠狠地楔，楔，楔。那个句子是：我发现了一万种无效的办法。

看到今年上海的作文题，倏然忆起这个句子。立刻正告自己：不要写！要写，就写鸟可填海吧！要写，就写人可移山吧！然而不能。那个句子，追我追到了梦里头。

至爱的亲人在 ICU。我和弟弟、弟妹奔波 3000 多公里赶到，却被粗暴地拦在了门外。我央求："让我们进去看一眼吧，就一眼。"说这话时，我膝头发软。我惊讶地意识到，下跪，原是一个无能为力的弱者绝望时呼之即出的一种本能。

就在我将跪未跪之际，那拦门的女人突然递给我们几副蓝色鞋套！命令道："穿上！看一眼就出来啊！"我感动的热泪喷涌而出，连说了十来个"谢谢"。

看到了插满管子的亲人。

这是那个抱着我过金水桥时，一次次做出欲将我抛进河里，因

71

而引得他姐姐捶他、打他的那个嘎小子吗？这是那个为我买了今生第一双黑色漆皮鞋并说"穿破鞋、穷半截"的最宠我的长辈吗？这是那个把他得到的"对越自卫反击战"的一套珍贵纪念枕巾、茶杯原封不动寄给远在宣化读大学的我的老兵吗？这是那个一回到南旺村就迫不及待地跑到地里去问候谷子、玉米的"庄稼迷"吗……此刻，他躺在这里，无法为远道而来的他最宠爱的晚辈下厨烧一道拿手菜。

出了ICU，我边拭泪边对弟弟说："那个把门的，真不错……"弟弟闷闷地应了一声，说："我往她兜里塞了50块钱。"

我们太想救那个插满管子的人了。但是，无论我们怎样努力，都换不来对他每况愈下惨状的半星儿改善。

我不得不万分沮丧地承认，我发现了一万种无效的办法。每一种办法都竭力地嘲弄我、撕扯我、蹂躏我。再也没有往别人兜里塞50块钱，顷刻就能把事情搞定那样的便宜事了。我绝望地握着那只浮肿的毫无生气的手，一遍遍机械地默念着"给你力量"。但，力量，怎么"给"呢？

最终，所有的力量都弃他而去……

在候机大厅，有人在听降央卓玛的歌："自你离开以后，从此就丢了温柔。等待在这雪山路漫长，听寒风呼啸依旧……还记得你答应过我不会让我把你找不见，可你跟随那南归的候鸟飞得那么远……"我被这歌蜇疼了。以前，这歌里的"你"是不相干的人啊，但突然，"你"成了我的亲人，你决绝地撇下孤独的我，越飞越远。

这多像生命的隐喻——你能搞定门口的事，但你休想搞定门内的事。承认吧，门内的事，其实是上帝随机安排的事……

我最初根本没有参透"悲观主义的花朵"这个短语的深意。我问自己，被一万种无效的办法揍得鼻青脸肿之后还配开出花朵吗？沉沦，是不是更为合理的一种归宿？

某一天读书，不期盼撞上了这个问题的完美答案，那是尼采备下的："树木因渴望阳光而向上生长，同时，它的根须也在往最阴暗冰冷的土壤里延伸。"

精彩
——赏析——

作者面对亲人重病的沮丧、无力感，深刻反映了人们无力、绝望时的内心挣扎。作者选用了诸如"无能为力的弱者""无效的办法"等字眼，将悲伤氛围表现得淋漓尽致。但文章也没有一直停留在消极的情绪中，"那个把门的，真不错……"这个小插曲，表现出了人类在无助时对于"善良"的渴求。最后，文章以尼采的名言呼应文章主题，表达出了人类在面对困境时，仍然保持向上生长的力量和勇气。"悲观主义的花朵"这个比喻，将人类的无力感、悲观情绪与美丽的花朵联系在一起，让读者在感受到人生苦难的同时，也能看到希望和美好。

最年轻的一天

🌸 心灵寄语

> 在今天这个最年轻的一天里，让我们微笑面对镜中的自己，感受生命的美好。

母亲总鼓励我穿红戴绿。她曾饶有兴味地指着一件让我看看都觉得怪不好意思的衣服鼓动我说："买下来吧！你穿上准好看！"她的声音是那么大，手指坚定不移地指向那件衣服。一时间，我觉得整个商场的人都把怪讶的目光投向了我们。我怀着比在大庭广众之下穿上了那件极不适合我的艳服还要羞辱得多的心，拖着母亲快速离开，然后有些气恼地对她说："我都多大了！那么艳的衣服，我怎么能穿得出去？！"可是母亲却不以为然。她高声教训我道："今天，就是你从今往后最年轻的一天。你再也过不着昨天了。明天的你就比今天老了，后天呢，你又比明天老了——你还不赶紧趁着最年轻的一天穿点漂亮衣裳！"

从今往后最年轻的一天？好奇怪的说法啊！但仔细想想，可不是吗，每个人都在过着他（她）从今往后最年轻的一天。昨天比今天光鲜，只是昨天已然逝去。那些花一般的笑影，跌进时光汤汤的河里，永远不肯再回来照耀我们此时黯淡的心境。昨天的美丽羁绊着我们的手脚。恍惚中，竟以为可以等，以为在明天的某一方光影里可以镶嵌进一轮迷失于昨天的太阳……其实，怎么可能呢？开弓的箭永不可能回头。而那呼啸着向前的，正是箭一般的光阴呵。

想起那个名叫胡达·克鲁斯的老太婆。在70岁的生日宴会上，她突然发现了自己正在享受着余生中最年轻的一天。她问自己：究竟，我还可以再去做点什么呢？在这样的自问中，她惶恐地发现自己的人生有一个很大的空白——她居然未曾尝试过冒险登山！她于是毅然拖着自己在别人看来已是老朽的身体去亲近高山险峰。此后的25年间，她一直在拼死填补着自己的人生空白，终于，在95岁那年，她登上了日本的富士山，打破了攀登富士山的最高年龄纪录。

我有点怕。怕自己笨拙的手抓不牢从今往后最年轻的一天。

在这最年轻的一天里，我希望自己微笑着面对镜子里的那个影像，欣赏她，悦纳她，不挑剔她眉宇间岁月的印痕；我希望自己在可以表达爱的日子里，细腻温婉地向所爱的人传达爱的信息，语言动听，动作轻柔；我希望自己永不熄灭攀登灵魂巅峰的热望，见贤思齐，见不贤而内自省，学习根须，静默但热烈地去拥抱地心那轮看不见的太阳；我希望自己保持孩童般神圣的好奇心，将大自然引为爱侣，永不减损端详一朵花时内心的无比悸动与无限怜惜；我希望自己保持敏感——对善意，对真情，对文字，对艺术，不因阅尽了人间春色就无视春色，爱着，感动着，朝前走。

——母亲，感谢你提醒我今天是我最年轻的一天。我下定决心在这最年轻的一天里穿起艳丽的衣裳。当然，更要以艳丽的心情去做事、去生活。我，要捧给带我来到这世界的人一个艳丽的人生。

精彩
—赏析—

　　母亲用生动的语言，告诉自己的女儿要认真过好每一天，因为今天是你余生最年轻的一天。多么富有哲理的语言呀！让读者对时间流逝有了深刻的思考，思考如何珍惜时间和每一个当下。同时，作者也用自己的人生经历和对他人经历的感悟，让读者了解到人生充满机遇和可能性，需要我们保持好奇心和勇气去探索和追求自己的梦想。

_____

不焚身，不甘心

> 每一滴水，都怀着扑灭冲天大火的愿望，不焚身、不甘心。无论你身处何时何地，无论你面临多大的困境，都要像这些水一样，怀着自己内心深处的愿望，不放弃自己，不轻易屈服。

悲伤的父亲坐在我们对面，眼角带着泪花。他说："我们全家商量好了，放弃手术。"

我们谁都没搭茬。

他接着说："车祸造成孩子颅内出血，内脏都有不同程度的损伤，但这问题都不大，最要命的是伤到了脊椎，脊髓断裂，就算是手术成功，也要高位截瘫，生活不能自理；肇事司机家境也不富裕，他开的是别人的车，那车只交了'交强险'，司机说他准备去坐大牢了；我是个残疾人，孩子的妈妈又体弱多病。长痛不如短痛吧。唉，往后，老师们也就别再惦记着他了……"

半晌，有个老师问："孩子一直处于昏迷状态吗？"

悲伤的父亲说："昨晚清醒了片刻，叫了声妈妈，迷糊中还说要橡皮……"

我流泪了。

我们都流泪了。

我想问："如果孩子再清醒一点，如果孩子开口恳求'救救我吧'，那可怎么办？"但是，话抵到舌尖，又被我强行咽了下去。毕竟，这或许是这对悲伤的父母所作出的最明智的选择。

我们没敢贸然拿出事先准备好的一袋子捐款。我们不敢用这些钱去干扰这个不幸家庭用血和泪所做出的决定。

那就让它换一种方式去撑起这个风雨飘摇的家吧。

大约三个小时之后，悲伤的父亲又来了。他说："真对不住！我们又开了个家庭会议，我们决定把家里的两头奶牛卖了，孩子的舅舅说要把自家的房子卖了。我们要给孩子做颈椎手术！"

我们几个人几乎同时冲过去，拉住了那位父亲的手，大家一起笑着，但每个人，都已泪流满面。

我们把那袋捐款拿了出来。直到这时我才明白，它们压根儿就不是为了别的目的聚拢到一起来的。就算它们还可能派上更为合理的用场，就算它们能换来一个少年九泉之下的含笑，它们也是怅恨的。因为，它们就是为了牺牲而来。每一滴水，都怀着扑灭冲天大火的热望，不焚身，不甘心。

精彩
—赏析——

这篇散文讲述了一场悲惨的车祸，以及父母为了孩子做出的艰难抉择。作者通过细致入微的描写，将个人的温情和爱意展现得淋漓尽致，给人以强烈的震撼。散文中有许多感人至深的细节，比如父母决定卖掉家里的奶牛和孩子舅舅愿意卖掉房子为孩子做手术的描写。同时，散文还带有一些哲理性的思考，比如"长痛不如短痛"，以及"每一滴水，都怀着扑灭冲天大火的热望，不焚身，不甘心"等等。

疼

🌷**心灵寄语**

> 有时候，真正的爱不是说出来的，而是通过行动来体现的。亲人之间的关爱，常常在这样不经意间发生，但却能让人感受到生命的温暖和美好。

读这么一小段文字，居然读得淌下泪来——

一个女孩写她奶奶和她爸爸在她小时候的一段对话：

奶奶：你吃的是什么？

爸爸：是我娃嘴里掉下来的东西。

奶奶：掉下来的，就不要吃了嘛！

爸爸：我不吃，怕我娃再捡起来吃。

奶奶：你娃不吃，却让我娃吃！

——爸爸疼他的娃，不忍让女儿捡着吃她自己嘴里掉下来的东西；奶奶疼她的娃，不忍让儿子捡着吃孙女嘴里掉下来的东西。

翻出多年前写的一篇小文章，思念起我那远去的父亲——

寒假时我带着儿子然然回家，父母不胜欢悦。

母亲喜滋滋地为她的小外孙忙碌着，但却不知怎的老是对着然然喊我的小名。父亲微笑着告诉我说："管全世界的小孩都叫你的小名，那可是你妈的强项哩！"

那天，父亲上街去买菜，母亲突然想起了什么，追出门去嘱咐父亲说："记着，给孩子买副手套回来！"

父亲走后，母亲抱怨地说："你爸老了，整天丢三落四的——看着吧，然然这手套他多半是记不得买的。"

天很晚了父亲才回来。母亲接过父亲手中的菜篮子左拨拉右拨拉，到底也没找到她要找的东西。

母亲生气地责问父亲道："手套忘买了吧？"

父亲一拍脑壳说："瞧这记性！"

母亲于是长一声短一声地叹起气来，我晓得，这是母亲"狂轰滥炸"的前奏。

就在这时，父亲竟变戏法般地从怀里摸出了一副杏黄色的皮手套，他不管母亲惊讶的眼睛瞪得多么大，只管得意地冲我一笑说："闺女，戴上！"

"错了错了！"母亲叫起来，"是让你给然然买手套，谁让你给闺女买手套的！"

父亲愣了一下，继而说了句让我幸福得几乎晕倒的话："只说是给孩子买副手套，我哪儿知道是哪个孩子！"

精彩
——赏析——

　　这篇散文从两个故事切入，一个是作者在书中看到的对话，另一个是作者回家探亲时和父母的互动。通过这两个故事，作者表达了家庭、亲情在人生中的重要性。散文的语言简洁明了，情感真挚。作者运用了比喻、对比等修辞手法，增强了文章的表现力。比如，"爸爸疼他的娃，不忍让女儿捡着吃她自己嘴里掉下来的东西；奶奶疼她的娃，不忍让儿子捡着吃孙女嘴里掉下来的东西。"这句话通过对比父亲和奶奶的不同做法，表现出他们对孩子的爱的不同展现形式。

———————

无力虚拟

❀ 心灵寄语

　　当我们看到别人的痛苦，我们会感同身受，它让我们更加珍惜身边的人和事物，更加懂得珍惜当下的每一个瞬间。让我们用感悟生活的智慧，珍视每一个瞬间，用心去感受，用爱去呵护，用行动去诠释，让生命更加美好！

　　台上，学生们正在演课本剧《茶馆》。

　　我身边坐了一位特邀嘉宾——演"康六"的那个演员的母亲。她举着相机，不停地拍照。

　　康六出场了，走投无路的他，要把15岁的女儿康顺子卖给庞太监当老婆。

　　当康六说"自古以来，哪有……他就给10两银子？"我听到那个母亲开始叹气——旁若无人地大声叹气。我偷瞥她一眼，只见她满脸的气恨，举着相机的手定定地停在空中，忘了拍照。

　　康六再次出场时，台词是："姑娘！顺子！爸爸不是人，是畜生！可你叫我怎么办呢？你不找个吃饭的地方，你饿死！我弄不到手几两银子，就得叫东家活活打死！你呀！顺子，认命吧，积德吧！"演员演得非常投入，悲怆、羞愧、绝望……自扇嘴巴时，扇得啪啪作响。

突然，我发现身边那个家长有些异样，侧脸看时，却见她满脸通红，满脸是泪。

我轻轻握住她的手，示意她"平静"，但是，她非但不能平静，反战栗起来！我吓坏了，趁着第一幕落幕，拉着她离开了现场。

她坐在我对面拭泪，不好意思地说："真抱歉！我……我是不是很可笑啊？我看过好多遍《茶馆》，也听过我儿子在家里背诵台词，但是，当我看到他卖女儿的时候，我……我真的觉得是我孙女被卖了呀！你想啊，一个人，得难到什么程度，才会把 15 岁的女儿卖 10 两银子，去给太监当老婆啊……"

看过一档节目，内容是关于"打拐"的。

5 岁的小女孩点点随妈妈去甜品店吃甜点。妈妈说有点事需要出去一下，叮嘱点点乖乖等妈妈回来，点点答应了。

妈妈走后，即进入了旁边的监控室，通过大屏幕观看点点的一举一动。

不一会儿，"骗子"演员登场了。他亲切地跟点点搭讪，叫出了她的名字，并声称是她妈妈的好朋友。"你妈妈让我来接你呢，走吧。"点点听了，竟毫不犹豫地就跟着"骗子"走了。

大屏幕前，妈妈无声凝噎。节目一结束，她就疯狂地冲了出去，一把搂住"失而复得"的女儿，号啕大哭。

许多年前，我写过一首小诗，题目是《别问》：

别问我为什么一早醒来
就死死地抱住你
别问我为什么抱着抱着
眼里就滑落了泪滴
别问我梦到了什么

我死都不会说

我只感谢蜜一般的阳光

瞬间消融了枕边那黑色的惊悸

——别问那被我"死死抱住"的人究竟是谁，母亲？爱人？孩子？都不是，也都是。

娇柔的爱，禁不起一个虚拟。至爱的人被卖、被拐、被梦魇劫掠，明知道这不过是一个虚幻的泡影，吹拂即破，但自己的口硬是劝说不了自己的心，轻松卸下那份累赘般的哀伤。

当我们将自己摆在那个假设句旁，我们立刻一头扎进去，假戏真做，不能自拔。痴愚的心，执拗地将一场毫无悬疑的"虚惊"读作了"真骇"，然后恫惧，然后淌血，然后摔个稀巴烂……

精彩 赏析

这篇散文通过讲述两个不同的故事，让读者深刻地感受到了虚拟和现实之间的差距，以及当我们将自己摆在某个假设句旁时，我们往往会感同身受，陷入情感的泥潭中，即使我们知道这只是一个假设。作者巧妙地运用了生动的比喻和形象的描写，使故事更加贴近现实，引人入胜。此外，作者还深刻地探讨了爱和亲情的力量，以及在必要的时候，我们必须勇敢地面对现实。

父亲给我的世界

🌷 **心灵寄语**

> 我们也要学会珍惜，珍惜那些陪伴我们走过岁月的人，把生命中的点滴珍藏在心间，让它们永远闪耀着温暖的光芒。

我一直为这件事难过。我生命中那么重要的一个人，我却欠了他一个称谓——一个本应是至亲的称谓。

他是我的继父。

我是在 6 岁那年拥有这个父亲的。拥有这个父亲之后，我便被寄养到了 30 公里以外的外祖母家。不是他多嫌我这个女儿，而是我这个女儿实在不愿意和他生活在一起。我不知道自己为什么那么排斥他，反正就是不能容忍和他在一个屋檐下过活。就这样，我宁肯被每日思念母亲的痛苦折磨着，也执意要住到外祖母家。长久的不相见，使我和我的父亲越发地生分起来。有时他来探望我的外祖母，我放学回家瞄见了他支在院子里的自行车，便悄悄溜掉，跑到艳芝家，直到外祖母蹑着小脚找来，才不得不跟着她回家去。

我读初中的时候，我性情暴烈的舅舅因为一件小事开罪了某大队干部，那个大队干部因此给了舅舅许多苦头吃。家里人都以为这事以舅舅的遭报复而告完结了，谁知道竟波及了我的升学。那时候

85

初中升高中是要大队干部"推荐"的，我没有被"推荐"上——虽然我成绩不错。

我早就厌烦着上学，这下好了，我终于可以在家自在待着了；我的外祖父十分纵宠我，平日里看我写作业总是忍不住要劝我"歇会儿"的，这下好了，老头儿不必再因为看外孙女受苦而心疼了。

但是，我的父亲却为这件事急坏了。他一趟趟地往外祖母的小村跑，那段时间，院子里总支着他的自行车。他找了许多关系，被人拒绝，遭人奚落，但他却不肯轻易放弃。他辗转找到了我母亲早年的一个同事，拎着挂面和鸡蛋去登门拜望人家，结果，人家收下了挂面和鸡蛋，却忘了收下我这个学生。

就在心被戳痛的那天晚上，我的父亲哭了。我没有看见那一幕。我照例到艳芝家去玩了，照例玩到困倦了也不愿意回家。后来我听我的外祖母讲，就在我玩得不愿意回家的时候，我的父亲为了我没有学上哭了。揣想着他除掉深度近视眼镜擦眼泪的样子，不懂事的我，竟觉得那是件有趣的事情。

他又设法托人找关系。终于，我被一所叫"耿庄中学"的学校收留了。那所学校距离外祖母家有 10 公里远，骑车跑家十分辛苦。放学回家，把书包一丢，我便开始向外祖父大撒怨气。外祖父一迭声地叹气，说："不去了！明儿咱不去了！"

我在耿庄中学读了一个月的书，就转学到了父母所在县城中学。后来我才知道，父亲把我安排到耿庄中学去读书，采取的是"曲线救国"的方法，先让我在那里取得"学籍"，然后再顺理成章地转到管理比较规范的县中去读书。

父亲的家境很贫寒。他一度做过染布的差事。记忆中他的手上总渍着蓝绿的颜色。就是那样一双手，总是变魔术般地变出一些钢镚和破旧的毛票，递给我，满足我吃零嘴的嗜好。

1978年我高中毕业。那是恢复高考制度的第二年。我自然报了名，要参加高考。

迈进考场的日子一天天临近了。那天，我的同学改子来找我，捋起袖子说："看，手表。我爸给我借的，考试的时候戴着它好掌握时间。"

我没有说话。虽说我也特别希望父母能给我去借块手表，但我努力说服了自己那颗滋生出奢望的心。

高考的前一天，父亲那善于变魔术的手居然给我变出了一块手表！

——那手表不是借来的，是父亲去石家庄给我买来的。那是一块"海狮"牌手表。我一辈子都忘不掉手表上那个"海狮顶球"的图标。这块手表的价格，对于这个贫寒的家庭来说无疑是天价，但这天价的手表，却真真地被父亲买回来了啊！

我拿着那块手表，尝试着将它戴到腕子上。黯淡的房间，黯淡的光线，只有我手上的手表是明晃晃的。我的父亲、母亲、弟弟、妹妹团团围了我，要看着我把那块明晃晃的手表戴到腕子上。那一刻，处在这个仪式中央的我，突然想放声大哭……

我戴着那块"海狮"牌手表，走过了高考考场，走进了大学校园，走上了工作岗位。

在远离父母的一座北方城市里，我做了一名光荣的人民教师。

成家后的第二年，我的孩子就急迫地来向世界报到了。

父母来看我，看到要强的我被忙乱包围着，连口热乎的饭菜都很难吃上，我的母亲当场就掉了泪……

时隔不久，父亲去广州出差，一眼就相中了那种刚刚面市的"电饭煲"。他毅然掏钱买下来，背着它跑了大半个中国，又亲手教我煮好了一锅米饭，这才放心地笑了……

直到今天，我依然不会对父亲开口叫一声"爸"，但在我心中，我一直熟稔地使用着这个称谓。

父亲一天天地老去，我一天天惶恐地意识到我无论怎样努力都难以报答他对我的恩情。父亲给我的爱，清醒而又绵密。他为我计划得长远，却又不曾忽略掉我最实际的需求。我不知道亲生的父亲又能在那爱上附加些怎样的成分。

我越来越强烈地感到，我今天的许多思想和行为其实都可以到父亲昨天对我的施予那里去寻求答案——作为一个被升学压力压得喘不过气来的重点高中的校长，我明白自己学校里的"差生"流失得越多对将来的升学评价就越有利，但是，我不能听任哪怕是倒数第一的学生轻易退学，在他们的老师指天发誓他们是自愿退学之后，在他们的父母在"退学申请"上正式签字之后，我一定要亲自见见那个要辍学的学生，我期待着这个孩子能够回心转意，我期待着奇迹能在那最后的时刻发生，我看见岁月深处有一双眼睛鼓励着我这样做，我知道我这样做其实是在竭力报答上苍派来提升了我人生的那个人；"时间"这个东西真正和我发生关联，我以为是自打我的腕上有了那块"海狮"牌手表以后，它庄严的"嘀嗒"声让我不敢懈怠，不敢苟且。我坚持写作，已出版了多部散文集，我在意这样的时刻——拨通家里的电话，告诉父亲说我又和一家出版社签了出书合同，我愿意详细地向老人家汇报我的新书的字数、印数、版税、出版社、出版日期、责任编辑等繁杂琐碎的信息，我愿意听到父亲欣慰的笑声；我愿意听到父亲温和的提醒。每当看到我的学生和他们的继父、继母发生抵牾，我都心如刀割，我甚至顾不上掩蔽自家又酸又涩的隐私，把挂面鸡蛋的故事、钢镚毛票的故事、海狮手表的故事和电饭煲的故事一股脑地讲给别人听；我学着疼自己，关照自己的胃口、容颜和心情，不容许自己草草地打发掉自己。每天，太阳照到我的时候，我都渴望能在心里对它说一声"让我们来交换光明！"……

——我已明白，人要为爱自己的人，好好活。

精彩 赏析

　　本文从亲情、成长、回忆等多个角度入手，通过细腻的描写和感性的表达，将作者对自己继父的感情展现得淋漓尽致。文章开头便以亲情为主线，描述了自己和继父的矛盾和分离，但随着情节的推进，作者逐渐体会到了继父的爱和关心。散文的语言简洁明了，但又不失细节和感情，读者可以很好地感受到作者的情感和思想。最后的结尾部分通过自己的几段经历，展现了作者的人生观，引人深思。

▶预测演练二
....

1.阅读《樱花与初恋》，回答下面的问题（18分）

（1）这篇散文的主题是什么？（2分）

_____

（2）为什么作者对电梯里的女子感到伤感？（5分）

_____

（3）作者读到陆晓娅的《给妈妈当妈妈》时，为什么长叹？（3分）

_____

（4）作者的母亲喜欢种各种_____。每年冬天，家里要养几个_____。今年春节前，作者养的白菜根开出了_____。作者读到陆晓娅的《给妈妈当妈妈》时，长叹作者的母亲和她患的也是_____。（4分）

（5）试分析作者为文章起这个标题的作用。（4分）

_____

2.阅读《父亲给我的世界》，回答下面的问题。（18分）

（1）文章按照时间顺序，围绕"父亲"为我做的事情展开叙述，请仿照提示概括情节，依次填写相关内容。（4分）

①初中升学时，父亲为我升学的事情给人送挂面和鸡蛋。

②_____

③_____

（2）品味语言，回答下面的问题。（6分）

①结合语境，赏析下面句子中加点词语。

他毅然掏钱买下来，背着它跑了大半个中国，又亲手教我煮好了一锅米饭，这才放心地笑了……

②请从修辞方法的角度，赏析"我戴着那块'海狮'牌手表，走过了高考考场，走进了大学校园，走上了工作岗位"。

（3）请结合文章内容，谈谈你对"父亲给我的爱，清醒而又绵密。"的理解。（4分）

（4）文章多处运用了对比，请结合文章内容，找出两处，写出你的见解和发现。（4分）

3. 写作训练。（60分）

每个人都有自己的长处，只是你可能没有留意、没有发现。你也许善学，也许守时；你也许跑得快，也许能吃苦……这些，都值得你骄傲。

请以"我骄傲，我是一个＿＿＿＿＿＿的人"为题写一篇文章。

要求：①文中不得出现真实的学校、姓名；②抒发真情实感，不得套写、抄袭；③不少于600字；④除诗歌、戏剧外，文体不限。

抬　举

❀ 心灵寄语

> 对待他人的态度，就是看待自己的态度。我们应该以仁爱和温暖对待身边的每一个人。不要鄙视任何人，让我们用抬举和关爱去构建美好的人际关系，让幸福永驻我们的内心。

读亦舒文，心思在她写的一个小故事上流连，久久。

一日，摩纳哥王妃嘉丽斯·姬丽宴请宾客，女儿嘉露莲公主脱口而出："工人在哪里？"王妃听罢，大惊失色，连忙答道："亲爱的，我在这里。"

单看这段文字，多数人会看蒙——"工人"一词出口，王妃何以骇得花容失色？而王妃一句"我在这里"，显然是领了"工人"这一称谓，而她，又怎么可能是女儿口中的"工人"呢？

原来，王妃向来高看家中"工人"，不以"下人"待之，女儿冲口而出的"工人"一词，被王妃认为是唐突的、失礼的，所以，情急之下，她慌忙"救场"，机智会错女儿意，让真正的"工人"误以为公主在找的不是旁人，正是王妃本人。

我想到了娟子的故事。

娟子的婆婆跟她过，为此，她家雇了个保姆，娟子总是以"阿姐"

呼之。

娟子业余学英语，顺便教阿姐几句；娟子买衣服，顺便给阿姐带件同款的；娟子去做美容，也要拉上阿姐……

后来，娟子的婆婆过世了，阿姐便提出辞职。娟子知道，此时阿姐的经济状况已较前有了极大改善，纵有千般不舍，也不宜强留。

走时，阿姐对娟子说：我想买个房，就在你家这个小区——我想一辈子守着你。

娟子哭了。

她们于是做了邻居。

娟子说："走了个保姆，来了个闺密。下班路过阿姐家，在阳台忙乎的她会跟我打招呼，用我教她的英语对我说：hello, dear（你好）。去年我做手术后，阿姐整整照顾了我一个月，我成了VIP（贵宾）病人。嘿嘿，坐月子都没享受过那样的待遇啊。感谢老天，也给了我回馈阿姐的机会，半年前她出了车祸，我休了年假去照顾她……"

我喜欢这样暖心的故事，可令人沮丧的"现实版"却往往是："主仆"之间的关系太过分明。主对仆呼来喝去、颐指气使，仆对主低眉顺眼、俯首帖耳。

我们不奢望雇主都是罗伯特，毕竟，那个会对简·爱说"你这个仙女换来的丑孩子"的男人已然绝版；但是，我们有权期待雇主在介绍自家孩子时不要说"我闺女的特长就是打保姆"。

这是多么令人庆幸的事——王妃和娟子的体内，都没有感染那种叫作"鄙视"的流行病毒，她们仁爱而又温煦，对"下人"待若亲、敬若宾，她们慨然给予了抬举她们的人以抬举，她们的心，怎能不被"幸福"抢注了域名？

精彩
——赏析——

　　这篇散文写了两个故事的主人公王妃和娟子，作者通过这两个人发生的种种，表达了对于"主仆"之间关系的看法。作者认为，我们对待"下人"要像对待亲人一样，给予他们应有的尊重和关爱，而不是被呼来喝去，低眉顺眼地服从主人。从写作和意境两个角度来看，这篇散文表现得都非常出色，作者用生动的笔触和细腻的叙述，将故事讲述得淋漓尽致，让人感同身受。同时，散文通过对于主仆关系的探讨，引发了读者的思考和共鸣，让人不禁思考我们应该如何对待身边的人。总的来说，这篇散文写得非常好，值得一读。

啄饮着"爱"长大

💠 心灵寄语

> 懂得感恩，你就能拥有幸福，并让爱你的人感到幸福；懂得感恩，你就能成为一个受欢迎的人，"机会"就愿意与你牵手；懂得感恩，你就能"有勇气做我自己"，你的生命之树就容易结出成功的果实。

集盲聋哑于一身的海伦·凯勒曾经问一个从森林里归来的人："你在森林里看到了什么？"那个人沮丧地耸耸肩说："森林里有什么好看的？"

海伦为他的这个回答感到非常意外和遗憾，因为在她看来，那人白白地拥有了一双明亮的眼睛和一双聪敏的耳朵。森林里有那么斑斓的色彩，他却视而不见；森林里有那么动听的鸟语虫鸣，他却充耳不闻。他可怜的心灵失明了、失聪了，所以他才做出了那样令人遗憾的回答。

有时候，我们也会犯类似的错误啊！面对自然的秀色，面对亲友的温情，我们常会患上一种叫作"麻木"的疾病，因为可以日日坐享，便不再将珍奇视为珍奇。每天，我们住在爱里却浑然不觉，把一切幸福的拥有理解成了理所当然。对爱麻木的心，最容易被怨恨蛀蚀，而充满了怨恨的人生往往是与成功无缘的。

想想看，我们赤身来到这个世界上，是什么让我们成了现在的自己？巴金说过这样一句话："我们不是单靠吃米活着。"他说得多好！我想说：我们其实是啄饮着"爱"长大的啊！仅仅懂得被动地领受爱，证明你还远未长大；能够被这爱深深感动，证明你已摆脱了那个幼稚的自我；而把这爱理解为一种伟大的赐予，并努力去回报这爱，证明你已走向了真正的成熟。

所以，我愿意给我深爱的人们一个提醒：请认真学好"感恩"这门必修课，因为感恩的过程就是心灵提纯的过程。懂得感恩，你就能拥有幸福，并让爱你的人感到幸福；懂得感恩，你就能成为一个受欢迎的人，"机会"就愿意与你牵手；懂得感恩，你就能"有勇气做我自己"，你的生命之树就容易结出成功的果实。

愿你和我一样爱上那首《感恩的心》，不管心空是阴是晴，让我们都一起轻轻地唱：感恩的心，感谢命运，花开花落，我一样会珍惜。

精彩 赏析

散文《感恩的心》通过描写人们对爱和幸福的感悟，表达了感恩的重要性。文章用比喻和对比的修辞手法，生动地描述了人们常常忽视身边小事的现象，引导读者从中思考生活的意义。作者巧妙地运用语言，使文章内容和形式融为一体，意境和谐，语言简洁优美。整篇文章情感真挚，作者的敏锐和深度令人感叹。

出色的答案

🌸 心灵寄语

　　生活中总有很多诱惑，但我们必须时刻保持自己的良心，坚守道德底线。只有这样，我们才能够真正成为一个高尚的人。

　　高考即将来临，一个叫杨扬的外校男生找我辅导作文。

　　我对他讲，一篇有内涵的好文章应该包含着作者对自我内心的审视，不要热衷于写"圣诞树作文"，猛一看很丰富、很热闹，仔细一瞧，没有一样东西是真正属于自己的，"零生命力"成了它的最大特点。

　　杨扬认真地听，认真地记。临走时，他对我说："张老师，有一件事，特别折磨我，我跟谁都没说，包括我的父母。可是，我想说给您听听，就算，就算是按照您刚才提的要求，对自己内心的审视吧。

　　"上星期一，我很早就赶到了学校，传达室的师傅告诉我说有我的邮件，我一看，是从北京寄来的。我知道，这是我们以前的班主任给我们班同学寄来的最新高考模拟题。我们的班主任是去年调到北京去的，她走之后，我就不再担任班长了。但她还是将模拟题寄给了我。

"我打开那包东西，里面有老师的一封信，说她选寄的这几套题都是往年参加高考命题的专家出的，参考价值极高，希望同学们一定要认真做一做。

"我连忙把那几套题塞进了书包，我不想让同学看到这些题，原因很简单，考场就是战场，大家都是竞争对手。就这样，我把那几套题独吞了。

"那以后，每天下了晚自习，我都匆忙赶回家，躲进自己的小屋里做那些题。那里面有许多新题型，是我们以前从来没有练过的。我做着这些题，心中充满了卑劣的喜悦。我仿佛看见了我的竞争对手们一个个惨败在我手下。

"不过，说实在话，自从拿到了那几套题，我几乎天天夜里都要失眠，我的内心世界起了巨大的波澜。我跟自己说：你这人，真没劲，就算你真的胜利了，那也不光彩呀，因为，你的胜利是偷来的！

"张老师，您看，就是这些题。"

杨扬说着，从书包里掏出了一个牛皮纸信封。

我翻看着这些题，发现上面没有留下一点墨迹。我问杨扬这是怎么回事，杨扬说："我怎么能直接在那上面做呢！我涂抹了之后还怎么复印呀？"

我问："你复印给谁看呢？"

杨扬说："当然是给同学们看啦。"

我说："你看，刚才你还那么自责呢！其实，你心里有一个连你自己都没听清楚的声音：你一定会把这些题拿给同学们做的。"

杨扬低着头，小声说："我没有，我很自私、很卑劣，我没有想拿给同学去做。"

我笑了："你有。你是在等一个机会。我觉得，你对自己的内心世界审视得很深刻。知道吗？高尚其实有两种：一种是行为的高尚；一种是意识的高尚。你具备的是后者。你做错了一点事，就怀有了深深的罪恶感，你在这罪恶感的折磨下寝食难安。你是一个多么好的孩子！我们学校西墙外有一个文化传播公司，承担复印业务，质量好、价格低，要不要我提前帮你联系一下？"

杨扬感激地望着我，用力地点了点头。

高考语文科目考试结束之后，我接到杨扬打来的电话，他无比兴奋地告诉我说："张老师，今年的高考作文题是'出人意料和情理之中'，我拟的题目是《当卑下遇到高尚》，写的就是我差点独吞了那几套试卷的故事，我按照您的要求，在叙事中认真审视自我的内心世界，歌颂了像您这样的用妙手将卑下改写为高尚的好老师……"

我举着电话听筒，真心分享着杨扬的快乐。哲人说，一个出色的问题本身就包含着一个出色的答案。作为一个出色问题的提出者，杨扬早为自己预备好一个同样出色的答案；作为额外的奖赏，幸运女神格外赏赐给了这个可爱的男孩一个无比温柔的眼神……

精彩赏析

这篇散文非常有内涵。作者通过讲述杨扬的经历，强调了一个好的作品应该包含作者对自我内心的审视。这个故事让人们想起了一个重要的道理：要做一个有良心的人，不要为了成功而放弃自己的信仰和原则。从写作角度来看，这篇散文的语言简明扼要，但却充满了力量。作者通过细节描写和对话的方式，让读者深入地了解了杨扬的内心世界。这样的写作方式非常生动，能够引起读者的共鸣。

半空与半满

在生活中，我们总会遇到各种各样的挑战和困难，但是我们不需要对着那半空饮泣，也不需要对着那半满窃喜。重要的是，我们有了享受这半空或半满的能力。无论遇到什么情况，我们都应该保持对生命的热爱。

我手擎半杯水，问自己，它是半空，还是半满？按照张爱玲的说法，悲观者称其为半空，乐观者称其为半满。我是个矛盾体，我可以上一刻称其为半空，下一刻称其为半满。

我对一杯水"全空"的恐惧始于8岁。那时，我跟姥姥姥爷在一起生活。那是个寻常的黄昏，姥爷不在家，我家院子里的紫茉莉开得正好。突然，我小脚的姥姥摔了一跤！我目击了她摔倒的整个过程，跑过去拉她，她甩开了我的手，死活不让我拉（后来我才知道，村子里有个讲究：老人摔倒了要自己起来，被拉起来不吉利），不拉就不拉，那就由她自己起来好了。她挣扎了老半天，也没能站起来，绝望地侧伏在地上大哭起来！我吓得哇哇大哭，又执意拉她起来，她索性没有了起来的意思，哭，数落着哭，叫着她的亲娘，埋怨她亲娘怎么就那么狠心，怎么就不来管她……我无比惊恐地看着她摇着满头白发不管不顾地哭，突然害怕她就这样哭死过去，于是我疯了一样奋力地去拉她，任她怎样掰我的手，推我、搡我，我就是不撒开，一直与她僵持到了姥爷回家……

那次惊吓，帮我完成了对生命无常的最初认知。我知道，我经常挂在嘴边的"万岁"是不存在的。每一个人，都终将迎来杯子"全空"的那一天。

分离的痛
竟趁着拥有
来啮我了

这是我 19 岁那年写下的诗行。那一年，我在宣化读大四，想到即将到来的毕业，一下子对那个被称作"村"的大学涌上一种温柔的依恋。我忧郁地对自己说："快好好看看这不乏美感的风中的树吧，以后，你会怀念它的。"那是一棵卷发的柳树（我在心里叫它"小卷毛"），狂野的风撩着它卷曲的枝条，参差飘舞，仿佛发狠要替它将那卷发拉直，让人忍不住生出把那卷发拢住的冲动。

那棵树，果然成了我后来怀恋的坐标。一想到宣化，那棵树就抢先成为我思绪的落点。我在心里替它拢着飘飞的卷发，问它：小卷毛，你还在被那狂野的风劲吹吗？

在人生的杯子"全空"之前，一次次的离散，又何尝不是倾杯的预演？

我是个敏感脆弱的人。因为有了童年时对死亡的惊惧拟想，有了青年时对离散的刻骨忧伤，我总梦想着把每一个奢侈拥有的日子都过出非凡声色，不枉它跟我一场。

所以，当我说"讲课时，我就是世界的中心"，你不要以为我口吐狂言，我只不过是想用那一刻高质量的存在拼死抵御那"流光抛人"，抵御那"杯水易倾"；当我说"我用写作挹取逝川之水"，你不要以为我心高气傲，这只不过是一个有点神经质的人为了证明她活着的结绳记事，也约略等同于拿木棍在土墙上下意识地留下一道划痕。

恋爱时，喜欢折一条柳，一叶叶地往下扯，它们的名字分别叫"爱""不爱"，如果最后那片叶子是"爱"，可以莫名欢喜好久，仿佛这简陋的占卜竟可以洞穿恋人的心；今天，当我折枝在手，我不再说"爱""不爱"，我会说"人间值得""人间不值得"，如果最后一片叶子是"人间不值得"，我的心也不会因此而阴郁，我会微笑着告诉手中的叶片：你错了。

半空，是促我疾步快行的；半满，是令我缓步徐行的。因为恐惧过、忧郁过、焦灼过、思虑过、掂量过、不甘过、努力过、满足过，所以，我不会对着那半空饮泣，也不会对着那半满窃喜。悲观或乐观，对我都已不重要，重要的是，我有了享受这半空或半满的能力。

——人间值得，我来印证。

精彩赏析

这篇散文充满了深刻的哲理和感悟，表达了作者对生命和人生的思考。从写作角度来看，作者使用了丰富的修辞手法和生动活泼的语言，使得散文更加生动、有趣。文中作者将半空和半满的态度相互对比，表达了自己对于生命的态度。从意境来看，作者以自己的经历和想象，创造了一个独特的世界，将读者带入其中，让读者感受到了作者的情感和思想。

她被金子绊倒在贫困中

💮 心灵寄语

> 在我们追求物质的同时，不要忘记萧红说的"为了精神的美丽与安宁，为了所有的我的可怜的人们，我得张开我的翅膀"。让我们也学习她，用精神的翅膀翱翔于这个世界，感受生命的美好和意义。

先爱上了《黄金时代》的海报——恣意泼墨，恣意流金；汤唯饰演的萧红，就在这墨色与金色中黯然回眸，仿佛31岁的生命对纷扰人世的最后一次顾盼。

三个小时的电影，因过于忠于史料而显得不跳脱、不讨巧，故而被人斥为"不叫座的野心之作"；但对一个在大学课堂上屡屡与那些"视文学如宗教"的妙人们打照面的中文系老学生而言，这部电影因"神还原"了20世纪30年代中国文坛的璀璨群像，解人饥渴、慰人相思、发人驰念、引人高蹈，故称之为"传记类影片的扛鼎之作"亦不为过。

影片之所以叫《黄金时代》，除却为了表明这是中国文坛的"黄金时代"之外，还因为：

一、萧红在写给萧军的信中说："就在这沉默中，突然像有警钟似的来到我的心上：这不就是我的黄金时代吗？此刻。"

二、虽则被辜负，萧红的心却始终畅游在爱河里，这何尝不是她这个善爱者的"黄金时代"？

但我们又不得不遗憾地承认，萧红，被文学和爱情这两块金子结结实实地绊倒在了贫困中，一生难昂首。

其实，直到她作别这个世界，她文学的"黄金时代"也还没有到来，她最中意的长篇小说尚未完稿，她叹："我将与蓝天碧水永处，留下那半部《红楼》给别人写了。半生尽遭白眼冷遇，身先死，不甘，不甘！"她爱情的"黄金时代"也还没有到来，汪恩甲、陆哲舜、萧军、端木蕻良、骆宾基，过尽千帆，皆不是这个死心塌地地"爱上爱情"的女子所要的爱情。

丁玲说过一句咒语般的预言："萧红绝不会长寿的。"

是的，萧红在生命的舞台上入戏太深，情深不寿，理所当然。萧红自己分明也预感到了这一点，所以，她在这"压缩版"的人生里分秒必争地写着，爱着，诗意着，失意着。

在不必吃黑列巴蘸盐粒的今天，丰富的美食能喂养出萧红那样丰腴的灵魂吗？谁肯像她那样目光自觉谦卑地向下，悲悯且温存地关注"生死场"上那些"蝼蚁般活着，普通且粗鲁"的小人物，舍了命地为他们造像，为他们歌哭？

萧红没有挺进抗日战场，但她一直活得像个战士。这个战士被鲁迅高看，被胡风高看，被茅盾高看。这个不惜饿坏身子也要悉心供养缪斯的"脸色苍白、华发早生"的弱女子，太值得被高看。

萧红在小说《亚丽》中有一段自画像般的文字："为了要追求生活的力量，为了精神的美丽与安宁，为了所有的我的可怜的人们，我得张开我的翅膀……"

纵使萧红被金子绊倒在了贫困中，但她精神的翅膀在这个被物质掳获的世界上骄矜地飞过。有缘瞩望的人们啊，纵使片刻鄙弃了尘污，也堪称幸甚至哉。

精彩 赏析

这篇散文以描写电影《黄金时代》中的萧红为主线，穿插了对她文学和爱情的探讨。作者以萧红的一生为例，阐述了"黄金时代"的内涵。萧红虽然身处贫困，但是她的精神世界却十分丰富，她用笔描绘出了那些"蝼蚁般活着"的小人物，展现了她的悲悯与关怀。文章从多个角度点评了萧红以及她所处的时代，不仅表达了对萧红的敬仰之情，也对那个时代的文学和人物进行了回溯和思考。

水晶心

> 孩子在这世上的使命之一是"唤醒"。当我们的良知和仁爱被遗忘的时候，他们用看不见的小小羽翼，将大大的世界暖暖地罩住。他们唤醒我们的"水晶心"，让我们重新感受到世界的美好。

这是一个心理咨询师讲的故事。

咨询师接待了一个7岁的小患者。

孩子的父母主诉为：这么小就厌学了！一直上着的一个绘画班，说什么都不肯去了。

咨询师经验十分丰富。他问孩子有什么爱好，当孩子告诉他喜欢画画时，他欢叫起来：啊！叔叔也喜欢画画呢！

在咨询师的建议下，两个人开始自由作画。

孩子画了一棵树，光秃秃的，没有一片叶子。

咨询师问孩子画的这是什么树，孩子回答说是银杏树。咨询师问为什么没有叶子，孩子回答说叶子都让"坏人"摘光了。

孩子突然说："我们老师让我们用银杏树的叶子做手工画，我讨厌她！小朋友们都去摘银杏树的叶子，银杏树会疼的……"

原来，这就是孩子"厌学"的原因啊！因为老师让同学们用银杏叶做那种流行的手工画，致使还未到落叶时节的银杏树被"听话"摘叶的孩子们弄"疼"了，所以，这个孩子认定了老师"讨厌"，他便以不去上学抗议老师的"残忍"。

想起另一个真实的故事。

下雪了，万物都披上了银装。一个幼儿园的小朋友对老师说："老师，下雪了，院子里的雕像多冷啊！咱们去给它穿件衣服吧。"老师听了，只觉得可笑，根本没往心里去。她没想到的是，过了一会，又有一个小朋友跑过来向她提出了同样的请求！她心中最柔软的部分终于被触动了，于是，她带孩子们举行了一个为雕塑穿棉衣的仪式。

我在《心茧剥落》里曾写过一个小姑娘，当她看到妈妈买回来的鱼在流血时，赶忙找出了创可贴，让妈妈给鱼贴上。

看过丰子恺的《蚂蚁搬家》吗？当蚂蚁那长长的黑色队伍横过道路时，它们很容易被人们的鞋底踩为尘埃，那个红衣男孩不忍了，他拿出了完美的救护方案——在蚂蚁队伍上方安放了一溜小板凳，为蚂蚁们搭起了长长的安全罩棚！

怕树疼，怕雕像冷，怕鱼流血，怕蚂蚁被践踏，请不要说孩子有一颗脆弱的"玻璃心"，他们有的，是一颗晶莹剔透的"水晶心"啊！

曾几何时，我们不也是他们吗？但，我们的"水晶心"从何时开始蒙尘了呢？何止蒙尘，它连性状都大变了呀！你看到了，有人放任自家凶恶的狗去咬人，还恬不知耻地声言"我家狗咬谁谁就是它的同类"——你的"水晶心"早就被"铁石心"取代了呀！

孩子在这世上的使命之一是"唤醒"。当良知眠去，当仁爱寐魇，孩子来了，他们用看不见的小小羽翼，将大大的世界暖暖地罩住，让瑟缩寒苦的人们羞惭地省悟到，却原来，只需一个转身，我就能拥住春天……

精彩
——**赏**析——

这篇文章从一个咨询师的案例入手，引出孩子们的纯真和善良，以此表达了对于人性的敬重和渴望。作者用小朋友的视角看待世界，让我们重新审视自己的内心，从而引发对自我成长和世界的思考。整篇文章写作流畅，意境深刻，情感真挚，让人读后感触颇深，对于启迪思想、提高个人素质都有一定的帮助。

哀伤的色彩

心灵寄语

在面对哀伤时，每个人都以自己的方式去处理。有些人会选择在独自哭泣中宣泄情感，而有些人则会选择面对哀伤，用最美好的方式告别逝去的亲人。

这两天一直关注24岁的中国留学生郑少雄在美国街头遇害的事。

当看到郑妈妈"第一次出国却是参加儿子葬礼"时，我强忍着没哭；当郑妈妈说"我最亲爱的儿子，我一路流泪、一路思念、一路坎坷，终于来到了芝加哥大学，来到了你追求知识的最高学府"时，我强忍着没哭；当网友说"郑妈妈在追思会上的发言像是在朗诵，看不出她有悲伤"，我强忍着没哭……当得知郑妈妈几天前刚刚收到儿子寄给他生日礼物——一瓶香水，她特意洒了这香水来参加儿子的葬礼时，我的泪水喷涌而出。

她说，她想让儿子闻到这香水的味道。在异国他乡，茫茫人海，她想让他们母子凭着这一缕香气相认。

呜呼哀哉，痛煞我也！

不由想起那个叫柳红的女人。

跟郑少雄的妈妈一样，柳红也是一位单亲妈妈。当她的独生子、被称为天才少年的子尤被诊断为"纵隔非精原生殖细胞肿瘤"，柳红开始学习面对哀伤。

在进手术室前，子尤对妈妈说她："妈妈，你得是端庄的、典雅的、井井有条的、忙而不乱的。你每次歪着脖子驼着背从外面跑进来，都给我丢脸！"这也让柳红对哀伤有了迥异于他人的理解与思考。

子尤去世后，柳红做的第一件事，是给子尤一个别样的告别仪式。在复兴医院原本阴暗的告别式里，柳红把灯包上红布，给来宾们准备了红色的玫瑰花，她自己换了发型，穿着红色的旗袍和来宾们一起吟诵着子尤的诗，用最新、最好的样子与儿子告别。

柳红穿红色旗袍出席儿子的告别式，招来了极大的非议。

面对这些非议，柳红说："他们不是我，他们又怎么能评判我的哀伤。"

很快，就有同样罹患绝症的年轻人看到子尤的告别仪式后在博客写下："我希望离开的时候，我的妈妈能够像子尤的妈妈一样穿上漂亮的衣服为我送行。"

柳红郑重地告诉世人：哀伤不只是黑白，也可以是彩色的！

我想，如果她一身缟素出席儿子的告别式，我会奉上一公升眼泪；而当她一身红衣出现在儿子的告别式上，我要奉献十公升眼泪呀！

郑少雄妈妈和子尤妈妈，都没有在众人面前号啕大哭、死去活来。她们两个，在那个肝肠寸断的告别时刻，一个洒了香水，一个穿了红衣。

我们没有权利对一个失去了儿子的妈妈指手画脚，因为，她们背着我们已经哭死过一回甚至几回，告别式上，她们不约而同收敛了大恸，将一个从容光鲜的自己摆在亲爱的儿子面前。

"怀抱空"，这是古人丧子后吐出的一个泣血的词语。对一个"怀抱空"的女人，你怎样拟想她的悲恸都不为过啊！

噫！人间有泪，江河难盛……

精彩赏析

这篇散文从母亲失去儿子的角度出发，表达了哀伤和悲痛，同时也渗透着对母爱的赞美和对生命的珍视。通过叙述两位母亲在告别儿子时的行为，作者呈现了哀伤可以是多样的，可以是穿红衣的悲伤，也可以是洒香水的悲伤。这种表现方式让人们对于哀伤有了更深层次的思考。作者运用多个经典词句，比如"一路流泪、一路思念、一路坎坷"，"呜呼哀哉，痛煞我也"，"怀抱空"，这些描写淋漓尽致，让人们看到了故事中人物心灵深处的感受和想法。

吾　生

🌸 **心灵寄语**

> 　　每个人都有自己的"吾生"，每个人都可以成为别人的"吾生"。教师托起了一个个"魂生子女"，而这些子女也将成为未来的希望和力量。我们需要关注身边的每一个人，让他们在我们的关怀和指引下，向善、向上、向美前行。

　　早年的学生顺子来看我，聊得开怀。他突然抛给我一个问题："老师，您还记得毕业时您送我的书上的题词吗？"

　　我说："记得——顺天顺行、顺水顺风。"

　　他笑了："没错。但是，我想问您在这八个字下面还写了什么？"

　　"还写了什么？无非就是'顺子存念'之类的话呗。"

　　顺子摇头，说："您写的是'吾生顺子存念'。"

　　我笑起来："反正是一个意思。"

　　顺子说："才不一样呢！您不知道，当年我捧着那本书，盯着'吾生'两个字看啊看，看啊看——您别笑！我先把它解释成了'我生养的孩子'。一想，不对。又琢磨，莫非是'我的学生'？好像是，又好像不是。回到家，我认真查了词典，明白了这里的'吾生'

原来是长辈对晚辈的敬称。但是，我还是执拗地认为您写给我的'吾生'有更深切、更复杂的含义……后来，我谈恋爱了，我把您赠的书拿给我女朋友看，还特意把我对'吾生'一词的探究过程讲给了她听。您知道吗，她听后感动极了。她后来对我说，她当时就想了：一个能让老师这么看重的学生，肯定值得托付终身！就这样，我们的关系很快就确定下来了。——您瞧，您写的'吾生'那两个字，还是我们的大媒呢！"

顺子告辞了，我的思绪却在他讲的故事上流连，久久不肯回来。

我多么喜欢顺子对"吾生"二字的解释——不管它是谬解还是正解。当我在尘世间遇到一茬茬年龄相仿的孩子，当我亲眼见证了他们效我、似我、逾我的奇妙过程，我分明感到自己生命的宽度与长度都在可喜地延展着，一如春天在花香中骄矜地扩展着她的地盘。

柏拉图在他著名的《会饮篇》中将人类的生育繁衍分为了两类，一类叫作"身体生育"，一类叫作"灵魂生育"。而在这两类生育当中，他更看重的是后者。在他看来，人与"睿哲""美德"结合所生育出的"灵魂分娩物"对于他的生命而言是更为紧切的。

我想，身为教师的我，不正拥有着自己众多的"魂生子女"吗？

如果说"身生子女"是我与爱结合的产物，那么，"魂生子女"则是我与美结合的产物；如果说前者的形貌是我在一种悬疑之后的无奈接受，那么，后者的形貌则应该是我在一番深情雕凿之后的必然所得！——吾生，你不就是我生养的孩子吗？你是我的"灵魂分娩物"啊！

当然，我也会欢笑着接受你将"吾生"解释为"我可敬的后生"。我深知，今天我们拥有怎样的课堂，明天我们将拥有怎样的社会。恰如柏拉图所言，当教师遇到一个中意的学生，"马上滔滔不绝大谈美德，大谈一个好人该是什么样、得追求什么——急切地要言传身教……"与其说我在关怀着你，不如说我在关怀着自己的明天。我愿意把你托举到一个高度，让你对这个高度着迷、上瘾，让你从此不能忍受在这个高度之下匍匐而活。

吾生，你可知，我一次次做着同样的梦，我梦见自己开了一家"翅膀店"，每一个孩子都可以来这里支领一对适合自己的翅膀；然后，我老了，白发飘飘，闲适地坐在长椅上，幸福地看你们飞翔。

——吾生，汝非我之所生，却又是我之所生。我不能不在意我当初的一句殷殷叮嘱如今长成了你身上的哪一块骨骼，我不能不去想我今朝的一汪苦泪可否期待你于明日酿成一樽美酒。

吾生，须知，无论你为官为民，身后都有一双寄望的眼睛，愿你向善而行、向上而行、向美而行；无论你置身海角天涯，为师都祝你身携一个行走的母校，无惧，亦无忧。

精彩赏析

在这篇散文中，作者以对学生"吾生"两字的解释为切入点，展开了对于作为教师的自我认知和教育理念的表达。作者认为身为教师，自己除了与爱结合产生的生命（指生育的孩子）外，还与美结合产生了"灵魂分娩物"——指作者的学生。作者把学生视为自己的"魂生子女"，并希望自己能够把学生托举到更高的高度，让他们不再匍匐而活，而是能够飞翔。

等着我

🌸 心灵寄语

> 在我们的生命旅程中，我们需要学会珍惜每一刻，包括那些看似平凡的时刻。因为这些时刻正是构成我们人生的珠帘，让我们变得更加完整和美丽。

这是一个高一女生交给我的作文，题目是《等着我》——

我蜷缩在床头，像个没活气儿的纸人。机械地摸到手机，拨打。刚按下"4"，手指就像被蜇般缩回。我撇掉手机，抱起那个开满红黄花朵的小被，一朵一朵地抚弄那些花，仿佛要将它们抚醒。妈妈絮叨过多少遍："这个小被是我平生做的第一件棉活儿呢！引被子时，我的手被扎破了五次！"妈妈自怜又自得地朝我举起一个摊开的手掌，拨浪鼓般地摇。我撇撇嘴："还说呢，笨死了！"妈妈是个老师，做被子自然是短板，但为了宝贝女儿，她毅然用惯拿粉笔的手拈起了钢针。犹记我小升初那年，我家搬家。门口堆了一堆旧家什。爸爸唤来收破烂儿的，连卖带送，把小半个家打发出去了。我回身瞥见那个小被，豪气冲天道："把这个也拿走吧！"妈妈一听，

115

惊得眼珠子都要滚出来了，劈手夺过小被，凶巴巴地对我说："咋不把你老妈也卖了破烂儿呀！"

后来，我多次忆起这情景。我想，那小被上覆满了一个女人最初萌动的母性呢！还有，应是跟妈妈的身世有关吧。妈妈七岁那年，姥姥离家，不知所终……有一回，妈妈看倪萍主持的节目《等着我》，看得大泪小泪，爸爸也跟着抹泪。我骑坐在妈妈腿上，用腮去拭她的泪，俯在她耳畔问："妈妈，你是想去寻我亲姥姥吗？"妈妈听罢，大放悲声。

一年前，妈妈被一纸诊断书击垮——胃癌晚期。多少次，我掐青了大腿，希望从噩梦中醒来。然而，噩梦却在日光下愈演愈烈。

弥留之际，妈妈抱着那个小被，将我唤至床前："宝贝，妈妈一直对你隐瞒了一件事——你不是妈妈亲生的。十五年前，妈妈从一个陌生人手里接过了你。你赤身裹了这个小被。十五年间，我拼死搂紧这个小被，不让它见天日。别怪我编造扎破手指的谎言诓你，我无非是想装得更像你亲妈。但我有时也会冒出一种戳心的念头——去《等着我》节目，朝全国观众抖开这个小被，为我的宝贝寻到亲妈……我就要走了，唯一的愿望就是，我走后，你打这个电话，带着小被去见倪萍阿姨。或许，那丢了小被的女人也一直在苦苦寻找这个小被呢……"

直到今天，我都不知该不该打这个电话。我想，假如我真的去了那个寻亲节目，我最想寻的，怕也是那个忐忑地紧紧搂了这小被十五年的女人吧？我会对她说："妈妈，等着我！来世，咱俩一定做亲母女。不过咱俩得倒过来，你做女儿，我做妈妈……"

我为此文打了满分，又兴奋地找到小作者，告诉她说，这篇小说深深打动了我。女孩闻声泪如雨下："老师，可惜它不是小说……"

精彩
— 赏析 —

　　这篇散文以小被为线索，通过回忆和妈妈生活的细节，表现了母亲对女儿的深爱和牵挂。作者在描述妈妈对小被的情感时，采用了生动的语言描写，令人感受到母亲对女儿的无私奉献和深情厚爱。同时，通过故事反转的手法，将散文推向高潮，让读者跟随女孩一起感受到那份扑面而来的震撼和感动。整篇散文情感饱满，意境深远，通过对一个小小的物品的描写，展现了人生的意义和价值。同时，散文文笔流畅，语言简明扼要，让人真切地感受到作者的真挚和深情。

_____

▶**预测演练三**

1.阅读《抬举》，回答下面的问题。（5分）

（1）当阿姐说要买房住在娟子家附近，她为什么会哭？因为_____。（2分）

（2）娟子和阿姐的关系最终发展成了_____。（1分）

（3）作者喜欢暖心的故事，但现实生活中"主仆"之间的关系往往是（　　）。（2分）

A.关系太过分明

B.令人沮丧的

C."主人"嫌弃"仆人"

D."仆人"忍辱负重

2.阅读《啄饮着"爱"长大》，回答下面的问题。（10分）

（1）什么是感恩的过程？为什么懂得感恩很重要？（3分）

_____

_____

（2）巴金的话在本文中起到什么样的作用？（3分）

_____

_____

（3）试分析文章末尾那句歌词的意义。（4分）

_____

_____

_____

118

3.写作训练。（60分）

请以"和_____挥手说再见"为题目，写一篇文章。

要求：①将题目补充完整；②内容具体，有真情实感；③文体不限（诗歌、戏剧除外）；④字数不少于600字；⑤文中请回避与你相关的人名、校名、地名。

你长得……像个老师

🌷 **心灵寄语**

> 我们每个人都有自己的"样子"，而作为老师，这个"样子"是特别珍贵的。它让我们活得凛然、坦然、淡然、超然。

有个前同行跟我说，她已经跳出教育行业好多年了，有人见到她还会对她说："你长得……像个老师。"

她说："原先做老师的时候，有人说我长得像个老师，我会郁闷抓狂，会在心里捶他——哼！你长得才像老师呢！莫名就觉得那句话里含有鄙视，一种让人看透的惶窘与难堪，搞得我心里要多不自在有多不自在。可是，现在我怎么就变了呢？离开学校之后，人家说我长得像个老师，我突然发现，我心里还挺受用呢！我涎皮赖脸地缠着人家问：'我真的像老师吗？那你说说我哪里像呢？'嘻嘻，你瞧，我对那句话脱敏啦！"

好几天，我心里卸不下这件事。

其实，我也曾被陌生人猜对了职业。稠人广座之中，突然有人带着莫名的自信对我发问："看你的样子，是个老师？"一惊，本能地否认道："我……不是啊……"否认过后又一惊，问自己：不是老师，我又是什么呢？

我，当然是老师，只能是老师。

我只是搞不明白，我们究竟是一个怎样的群体？我们究竟有着怎样的"样子"？为什么哪怕跳出"教育口"多年之后我们身上依然有一种能被人清晰嗅到的气息？我们脸上打戳记了吗？我们说话的语气自供身份了吗？或者，我们的行事中带有某种职业特性了吗？

长得比实际年龄老一些，表情里藏着说不清的隐忧，永远都在赶时间，喜欢高声讲道理，因为赚钱不易所以从不懂得一掷千金为何物……不嫩不萌不从容，不乖不顺不阔绰，这就是我、我们的"样子"吗？

教师节，多少孩子为我们献歌"长大后我就成了你"，我们陶醉啊！我们幸福啊！我们飘然欲仙啊！然而，且慢！当孩子高考结束填报志愿的时候，我对优秀生说："你为人正直、和善，口才又那么好，很适合报师范呢！"那孩子听了毫不含糊地回答我："我不想当老师！"

是啊，太多孩子长大后不愿成为我们。这是个不争的事实。

——老师的"样子"太好了！所以我不想学这"样子"。

我母亲是个小学老师，我是个中学老师，我曾动员我儿子去大学当老师，我儿子不愿拂逆我，嘴上说"好的好的"，但至今也没拿出实际行动。

"你们当老师的多好啊！一年两个假期！"说这话的人，八成亲人中没有老师。一旦亲人中有老师，他就会知道，老师们一年两个假期，是每天起早贪黑自己"攒"下来的。他们，每天从自己身上薅一把羊毛，最后，有了两件让别人艳羡的"羊毛衫"。

今天，如果有人对我说："你长得像个老师。"我会喜出望外地说："恭喜你，猜对了！我就是个老师。"

如果你进一步问我做老师赚到了什么，我会告诉你："我赚到了'样子'。"

是的，我有着让人一望而知的职业"样子"，在这"样子"的框定下，我活得凛然、坦然、淡然、超然。

倏然想起早年我曾在备课本扉页上抄写过沈从文的一句话："于清晨极静中闻鸟声，令人不敢堕落。"——我生命中的"鸟声"来自学生。鸟声啁啾，我亦不敢堕落。我"舌耕"以度人，"笔耕"以自度，从未忘记自己应有的"样子"。

这首"情诗"被我写上了《做一个治愈系教师》的封面，提醒自己：老师的好样子，究竟所自何来——

我爱你
不仅因为你的样子
还因为
和你在一起时我的样子
你我之间不必追问
究竟谁赋予谁
更好的样子

精彩
—赏析——

这篇散文以教师"样子"为切入点，引出了人们对于教师这一职业的种种印象和联想。作者通过自己的亲身经历和心路历程，展现了教师这一职业的特殊性和内在的价值，同时也提醒读者在评价教师时要客观公正。整篇文章感性而深刻，文笔流畅自然，通过对教师职业的思考，呈现出了一种独特的生命价值观和精神追求，让人不禁感叹教育事业的伟大和教师的不易。

傲视凋零

> 当岁月无情地敛走了青春的嫣红，我们应该从容地拿出另一样嫣红去报复岁月的无情。无需拼鲜、拼嫩、拼颜、拼潮，我们只需像林青霞一样，拥抱阅读，拓宽视野，用灵魂的力量永葆青春，让自己的人生更加精彩纷呈。

"你有一个对不起的人，你知道吗？"多年前曾有一个人严肃地对我说。

我一惊："我对不起谁呀？"

那人说："你对不起送走的岁月！"

——哈哈！原来，人家是在用这种"话术"恭维我长得年轻！

一连几日，我都在心里回味这句话。我问自己，我果真能配得上这个妙趣横生的句子吗？虽说我怀揣的"年轻执念"远非深重，但我也并不排斥成为那个"眼中写满故事，脸上不染风霜"的幸运儿啊！

后来，我慢慢干倒了那个沉溺于"冻龄梦"的自己。

——别扯了！尘世间，哪有"对不起送走的岁月"的人？光阴年年岁岁都在你身上偷偷打个戳儿。——漏打？没门儿！

123

我有个朋友长得有几分像林青霞。我为她拍过两张小照，简直就是"林大美女本尊"了。出于这个原因，我似乎变得跟林青霞特别亲近起来，在网上瞄到大明星的照片或视频，就狠劲儿瞧。

"快看！林青霞在晒她的化妆台了！"这是我那个长得像林青霞的朋友发给我的微信消息。

林青霞宽大的化妆台上，摆满了高级的"精神化妆品"——书。

晚年的林青霞，俨然成为一个地道的读书人和作家了。

林青霞已经出版了三本书：《窗里窗外》《云去云来》和《镜前镜后》。

她说，她生日的时候，大女儿送给了她一份特别贴心的礼物——木雕书立。在书立的左侧，雕了一个马头（因为林青霞属马）。当一家人郑重地将林青霞的三部大作夹于书立之中，女寿星冒出了一个念头——她要写更多的书，让这个书立"越拉越宽"。

我长长地出了一口气，想，这个女人，有了对抗衰老的精良武器了。她宽大的化妆台，从此真的可以睥睨胭脂花粉了。

拼鲜、拼嫩、拼颜、拼潮，对女人而言，这一页应当有，但，在这一页上缠绵留恋过久，甚至坐稳了这一页的"奴隶"，那就注定苦厚甘薄了。

当岁月无情地敛走了青春的嫣红，我们是不是应当像林青霞那样，从容拿出另一样嫣红去报复岁月的无情？

当我们的世界越缩越小，当我们的心眸"老眼昏花"，丧失了关乎黑白、美丑的判断，当早间新闻变成了我们晨起揽镜时颊上一道惊心动魄的沟壑，当我们不再关心自我的心跳是否与时代的脉搏同频共振，当我们对着镜子里那无奈逝去的嫣红，却两手空空，根本拿不出另一样嫣红去傲视凋零，我们，可就是货真价实的老妪一枚喽。

精彩
—赏析—

　　这篇散文充满了对时光流逝的感慨和对年轻的渴望，既有对抗衰老的焦虑，也有对内心丰富的追求。作者通过林青霞的例子告诉我们，远离"拼鲜、拼嫩、拼颜、拼潮"这些表面的东西，而是去追求自己内心的充实和成长。这种追求不仅可以让人心态更加平和，也能让人生更加充实。整篇文章通过叙事和议论相结合的方式，生动地表达了作者的观点，给读者带来了启示和思考。

我读书，是为了报仇

> 即便是在苦难和寂寞的岁月里，我们仍然可以用阅读去填补内心的空缺，用文字去温暖自己的灵魂。

在最近的一次讲座中，我提到，我读书是为了"报仇"，听众听了，一片哗然。

大家可能很难想象一个人读书该怎样"报仇"。接下来，我讲了关于我自己的真实故事，大家听后，唏嘘不已。

我是在冀中姥姥家那个叫南旺的小村子里长大的。十二岁那年，我刚上初一，还不知道文学为何物。有一天，我发现舅舅卷旱烟用的一本破书上的文字非常好看，便央求舅舅说不要再用这本书卷烟了，我要用我写过字的本子换下那本书。

那本书，是曲波所著的《林海雪原》，书中的"203首长"、白茹的命运紧紧抓住了我的心。

遗憾的是，那本书是一个残本，前后都缺了很多页。

那时，我做梦都想得到全本的《林海雪原》。这个梦整整做了四年，直到我十六岁考上了河北师范学院。

126

在宣化的文史村，我拿到借书证后冒出的第一个念头，就是赶快去图书馆借《林海雪原》……

因为少年时期饥渴过，所以，我格外珍惜有书可读的美好时光。

文史村东侧的阅览室，是我的文学梦起飞的地方。直到今天，我做梦仍然会梦到那个阅览室，梦到我拿着一个碎布头拼成的棉坐垫，早早跑去占座位的情形。

宣化的冬天，冷得能把人的表情定格成一副面具，但因为有文学供我取暖，我四年的大学生活便远离了寒苦。

我怀揣一颗"报仇"的心，疯狂地读，疯狂地写，不断告诉记忆深处那个忧伤地捧着缺页的《林海雪原》的女孩——瞧，咱们终于可以不再用"卷烟书"充饥了……

多年以后，我和同事外出，她拿到的是 203 号房间的钥匙，我拿到的是她隔壁房间的钥匙，我坚持跟她换过来住。她没问我 203 号房间究竟有啥好，但我告诉自己，我就是要为那个对"203 首长"念念不忘的十二岁女孩住一住 203 号房间！

2008 年，我作为奥运火炬手的编号竟然是"203"！得到这个消息的第一时间我就打电话告诉了我家先生——他知道 203 对我究竟意味着什么。

心理学家说："童年吃不饱，一生都挨饿。"当然，他们指的是亲情与爱的缺失。但是，对一个童年和少年时期都没有得到足够的书香宠爱的人来说，那种莫名的幽怨与"过度补偿"心理又何尝容易挥发与消散？

愿世间再无忧伤地捧读残本"卷烟书"的女孩，愿书香浸染每一个爱书者的灵魂……

精彩
—**赏**析——

　　这篇散文中作者通过童年时期的亲身经历，说明了读书的重要性和文学对人生的影响。作者通过读书，获得了安慰和温暖。作为一名作家，作者表达了自己的写作动机和创作过程，并通过自己的经历告诉读者，写作不仅仅是一种创作过程，更是一种心理治疗和自我救赎的过程。整篇文章情感真挚，语言简练，在表达作者的情感的同时，也让读者产生了共鸣。从意境上来看，本文主要描述了作者对读书的热爱以及对文学作品的追求。作者通过自己的经历，表达了对书香的追求以及对文学创作的热爱和执着。整篇文章充满了一种梦幻的氛围，让读者能够感受到作者内心深处的情感。

————————

注意！此时此地！

❀ **心灵寄语**

> 我们要像小岛上的鹦鹉一样，珍惜每一个日子，用心感受生活的美好和意义。不要轻言"得过且过"，而是要用"此身此时此地"的态度，踏实做事，把握当下。

英国作家赫胥黎曾写过一篇小说《岛》，说的是在一个与世隔绝的小岛上，所有的鹦鹉都说着同一句话："注意，此时此地！注意，此时此地！"原来，这是岛上的居民教给它们的。他们让鹦鹉随时随地提醒自己保持一种"灵魂在场"的状态，争分夺秒地去做事、成事。

我忍不住想：啊！这些鹦鹉，多像是朱光潜先生教出来的呀！因为，朱光潜先生有个"三此主义"的座右铭——"此身此时此地"。它的含义是：此身应该做而且能够做的事，就得由此身担当起，不推诿给旁人；此时应该做而且能够做的事，就得在此时做，不拖延到未来；在此地（我的地位、我所处的环境）应该做而且能够做的事，就得在此地做，不推诿到想象中的另一地去做。

显然，这是一个不尚空谈、着眼当下、脚踏实地的"积极入世者"的宣言。

不由想到陶宗仪的《南村辍耕录》一书中写到的寒号鸟。其实，寒号鸟不是一种鸟，它的学名叫"复齿鼯鼠"。它白天待在巢内，黄昏或夜间外出活动，可由高处向低处滑翔。因其生性怕寒冷，日夜不停地号叫，俗称"寒号鸟"。

《南村辍耕录》卷十五记载："五台山有鸟，名寒号虫，四足，有肉翅，不能飞。其粪即五灵脂。当盛暑时，文采绚烂，乃自鸣曰：'凤凰不如我'。比至深冬严寒之际，毛羽脱落，索然如鷇雏，遂自鸣曰：'得过且过'。"

我们可不可以追问一句：寒号鸟的叫声是谁教的呢？

当然，它生来就这样叫，不似鹦鹉，长于学舌，可以代为表达人的意志。但假如我们设想寒号鸟的叫声也能代表人的意志，那么，谁是它的"同道"呢？

其实，那些自视甚高者、苟且偷安者，都有资格做寒号鸟的"同道"。

小岛上会说"此时此地"的鹦鹉与严寒之际说着"得过且过"的寒号鸟，都在为生活在大地上的人们代言。

一生都在诵念着"此时此地"这句台词的人不多见，同样，一生都在诵念着"得过且过"这句台词的人也不多见。对多数人而言，都是交替诵念这两句台词。在顺遂的好日子里则说"及时当勉励，岁月不待人"，在拂戾的孬日子里则说"对酒当歌，人生几何"。

日子，果真有好孬？

学者熊泽蕃山曾花了许多年追求开悟，但一直没达到。一天，当他路过市场时，无意中听到了一个屠夫和一个顾客之间的对话。顾客说："给我一块最好的肉。"屠夫回答说："我这里的每一块肉都是最好的，这里没有任何一块肉不是最好的。"听到这对话后，蕃山就开悟了。

如果这世上有"卖日子"的神，它会不会说："我这里每一个日子都是好日子，没有孬日子。"

所以，"注意，此时此地！"就成了深切关照我们薄凉生命的慈悲选项，不是吗？

精彩赏析

本文以赫胥黎小说《岛》中的鹦鹉和朱光潜先生的"三此主义"为出发点，展开了对"此时此地"这一哲学理念的探讨。作者认为，我们应该像小说中的鹦鹉一样，随时提醒自己保持"灵魂在场"的状态，努力去做事、成事。同时，我们也可以从寒号鸟的"得过且过"中汲取启示，不论遇到好日子还是孬日子，都应该珍惜当下，坚持"此时此地"的原则。通过引用熊泽蕃山的故事来强调生命的珍贵，作者呼吁读者应该关注眼前，不放弃任何在此时此地可以做的事情。

从写作角度看，本文采用了大量的比喻和典故，以生动的形象展现了"此时此地"的哲学理念。同时，作者还通过对寒号鸟和鹦鹉的描述，将动物与人类的行为进行类比，巧妙地表达了自己的观点。从意境上来看，本文通过寓言和故事为读者营造了一种思考人生的氛围，引导读者深刻思考生活的意义和价值。

积懒成笨

❀ 心灵寄语

不要让懒惰这个看似温和的罪魁祸首，渐渐地侵蚀掉你的一切。从小事做起，不断克服自己的懒惰，才能在人生的道路上越走越远，越走越高。

关于"积……成……"的成语，我们知道得太多了：积少成多、积习成癖、积沙成塔、积水成渊、积善成德……偶尔在学生作文中读到了一个词——"积懒成笨"，以为甚妙，故而强烈建议将其收入《现代汉语词典》。

众所周知，懒，衔着一句最恶毒的诅咒——

身懒，毁人身体。

心懒，毁人前程。

身心俱懒，毁人一切。

你可能会说："我发誓远离懒！"可你未必知晓，懒，经常会披着一件具有迷惑性的外衣，让你难以认清它的真容。

比如，懒可以披一件"不屑"的外衣，让人误以为外衣下面的那个生命志存高远，鄙薄燕雀。

懒还可以披一件"马虎"的外衣，让人误以为外衣下面的那个生命不是不够勤苦，而是有点疏忽大意。

懒还可以披一件"慢性"的外衣，让人误以为外衣下面的那个生命崇尚稳妥，喜欢鹅行鸭步。

懒更可以披一件"善守"的外衣，让人误以为外衣下面的那个生命反对冒进，赞成以守为攻。

…………

身为教师，我目睹过太多的"积懒成笨"。

有人问："同师、同时、同食、同室，为何却造成了学生的千差万别？"你坐到教室前面，面对学生听一次课就找到答案了。课堂上，你会捕捉到一些"眼不动、嘴不动、手不动、身不动"的"木头人学生"。你下课去向老师探问吧，你肯定不会失望——那些"木头人学生"，人人都有着与自己"四不动"高度匹配的学习成绩。

世界上哪有生来就笨的人？是懒，恒久不懈地对一个人做功，最终，成功将其推入"笨"的境地。

若能将"积懒成笨"一词收入《现代汉语词典》，可以警醒那些正被"懒"死缠烂打的不幸者，促其及时回头，可谓善莫大焉。

对"懒"之危害阐释得最透辟的，要属朱光潜先生了吧？他在《谈修养》中说过这样一段振聋发聩的话——

我常分析中国社会的病根，觉得它可以归原到一个字——懒。懒，所以萎靡因循，遇应该做的事拿不出一点勇气去做；懒，所以马虎苟且，遇不应该做的事拿不出一点勇气去决定不做；懒，于是对一切事情朝抵抗力最低的路径走，遇事偷安取巧，逐渐走到人格的堕落。

你瞧，这何止是"积懒成笨"？分明已经是"积懒成罪"了啊！

如果我们还有兴趣继续造词，我们是不是可以造出一批警人醒己的妙词呢——"积懒成丑""积懒成疾""积懒成庸""积懒成废""积懒成穷""积懒成祸"……

拿破仑说："你有一天将遭遇的灾祸，是你某一段时间疏懒的报应。"就让这句话戳痛你吧！这痛，必将成为你一辈子的护身符……

精彩 —赏析—

这篇散文以"积懒成笨"为题，通过举例和采用比喻的修辞手法，讲述了懒惰对个人和社会的危害。作者还提到了自己作为教师所见到的"积懒成笨"的例子，以此来警示读者不要让懒惰占据自己的生活。最后，作者以"积懒成罪""积懒成丑"等一些类似警醒性的词语警示人们。从写作角度来看，这篇散文结构清晰，开头即点明主题，中间通过举例丰富了内容，最后以自己的建议来结束。语言简洁明了，符合散文的特点。从意境角度来看，这篇散文引起人们对懒惰的深思，以拿破仑的话为结尾，更是让人警醒。通过这篇散文，读者可以清晰地认识到懒惰的危害，进一步鼓励人们积极向上地生活。

你若不对自己狠，生活就会对你狠

🌷 心灵寄语

　　不想碌碌无为，不想自我安慰，那就得从现在开始，跟那个总想躺平的自己掰腕子吧！记着：要让明天那个自己感谢今天这个自己勤勉，不要让明天那个自己抱怨今天这个自己慵懒！

　　临近开学，一个忧郁的父亲带着他的儿子来见我，对我说："拜托你给我儿子鼓鼓劲儿吧！"

　　我问那男孩儿："你读几年级？"

　　他说："高二。"

　　我说："你这么人高马大的，又正当十六七岁的大好年华，为什么还需要别人为你鼓劲儿啊？"

　　他父亲抢着说："这不要开学了吗，懒得返校，无心学习……"

　　我知道，当一个孩子无心学习的时候，神仙也难借给他一颗努力学习的心。关于这一点，毕淑敏老师说得最透辟："一个人躺在地上，如果他不想起来，那么十个人也拉不起他来，即使起来了也马上会趴下。所有的动力都来自内心的沸腾。"

　　内心若要沸腾，外源火种往往是无济于事的。但是，我不忍心让那个忧郁的父亲失望，只好对那个孩子说："我给你讲讲我儿子的故事吧——

"我儿子是英国布里斯托大学的全额奖学金博士。毕业后，到剑桥工作两年。因思乡心切，毅然辞职回国，回国后到那家中国最年轻的世界 500 强公司工作，衣食无忧。你是不是觉得衣食无忧就等于高枕无忧了？也许许多人会这样认为，但是我儿子选择了继续学习。

"先是去北京和君商学院读了一年博士班，结业后，依然不甘心，去年又考取了长江商学院。周一到周五，工作忙得焦头烂额，周六、周日还要跑去上课，有时候甚至要跑到上海去上课。注意，不是光上课就完了，回到家还要没完没了地写作业。

"他可以逃课吗？当然可以！

"但是他怎舍得逃课呢？要知道，他的课可是花重金买来的呀！一次学费就交了五十万元——真金白银，自掏腰包！你想，这么贵的课，怎么能让它白瞎了呀？

"你可能会问：他为什么对自己这么狠呢？

"我替他来回答：你若不对自己狠，生活就会对你狠！

"我不知道你想要过的理想生活是怎样的，但我知道，优质的生活不可能是用懒洋洋、病恹恹的生活态度换来的。奔跑的姿态，才是你这个年龄应有的姿态。可是，你在十七岁就摆出了七十岁的架势，目标丧失、动力丧失、士气丧失，那前面等着你的，怎么可能不是一个垃圾人生呢？

"有一个人，叫'老杨的猫头鹰'，写了一本书，书名很励志，叫《最怕你一生碌碌无为，还安慰自己平凡可贵》。

"不想碌碌无为，不想自我安慰，那就得从现在开始，跟那个总想躺平的自己掰腕子吧！

"你刚上高二，哪有不学习的资本？你甚至连不拼搏的资本都没有呢！你看那个'老杨的猫头鹰'说得多好：在一无所有的年纪，且轮不到你云淡风轻。

"孩子，你想要的生活，连你亲爹都不能给，也不该给，你要自己去争啊！

"记着：要让明天那个自己感谢今天这个自己勤勉，不要让明天那个自己抱怨今天这个自己慵懒！

"小伙子，加油吧！"

精彩赏析

这篇散文通过一个父亲带着儿子来找作者的故事，讲述了如何让孩子养成学习的习惯和态度。作者以自己的儿子为例，讲述了他是如何通过自我要求和自我奋斗，在学业和事业上不断取得进步和成就的。整篇文章充满了正能量和鼓励，是一篇很好的励志文章。从写作角度来看，作者采用了对话和叙述的方式，生动地表现了前来询问的父亲的愁云和儿子的迷茫，同时也展示了作者的智慧和经验。文章结构清晰，逻辑严密，通过一个小故事，阐述了深刻的道理，具有很强的说服力和感染力。

你我的"羽衣"

🌸 心灵寄语

> 　　我们都有一件"羽衣"，它让我们在飞行的路上变得更加轻盈自如。我们要时刻记得穿上它，练习飞行，坚韧不拔，执着、不放弃。只有这样，我们才能迎风翱翔，飞越自己的天空，看到更广阔的世界。

　　张晓风在《母亲的羽衣》中写到，每一个女孩都曾有一件柔美的"羽衣"，一着身，即可飞至云端。"她们都曾住在星河之畔，织虹纺霓，藏云捉月，几曾烦心挂虑？她们是天神最偏怜的小女儿，她们终日临水自照，惊讶于自己美丽的羽衣和美丽的肌肤，她们久久凝注着自己的青春，被那份光华弄得痴然如醉。"

　　当然，作家以"羽衣"比喻女子的素年锦时，以女子脱卸了"羽衣"，穿起粗布衣裳比喻她甘愿走出仙境，下到凡间。

　　今日，我想借张晓风笔下的"羽衣"一用，试问诸君：你可有这样一件一着身，即可飞至云端的宝贝"羽衣"？

　　我一直为我们将"習"字简化成了"习"字而遗憾呢！"習"字的本意为"鸟儿在太阳之上飞翔"。这个字，本身就是一幅画呀！

　　鸟，为了拥有蓝天反复练飞，就是"习"；人，为了熟练掌握某种知识技能，也需要"习"。"习"的人，一律穿着一件看不见的"羽衣"，以初而稚拙、继而娴熟的姿势，飞。

"习"，是迎风击雨的坚韧，是凌霜斗雪的执着。"一万个小时定律"，让我们不敢心存侥幸；"艾宾浩斯遗忘曲线"，让我们不信一劳永逸。与张晓风笔下的"羽衣"可被母亲甘心锁进樟木箱子不同，我们的"羽衣"，要永生永世地穿在身上啊！

徐志摩在他的《想飞》一文中写道："我们最初都是飞了来的。"第一眼，我就被这个美丽的句子击中。诗人慷慨地将我们凡庸的生命定义成了"天使"。如何永葆"飞了来的"那份高贵与骄矜，不忽怠、不坠落、不匍匐，秘密，大概都藏在我们身着"羽衣"、不倦飞翔当中了吧？

以鸟为范，让我们体验御风而飞的快感！让我们说——张我双翼，水击三千。学无止境，气有浩然。背负青天，取则行远……

精彩
— 赏析 —

本篇文章运用了"羽衣"和"飞"的隐喻，将学习和成长比喻成穿着"羽衣"飞翔的过程。通过对"习"字的探讨，强调了坚韧和执着的重要性，同时提到了"一万个小时定律"和"艾宾浩斯遗忘曲线"，呼吁我们要时刻保持对学习的热情和不断提升的态度。作者以诗人徐志摩的句子作为引子，将凡人比作"天使"，强调了人的高贵和追求卓越的精神。最后以"张我双翼，水击三千。学无止境，气有浩然。背负青天，取则行远"作为结尾，鼓励读者勇敢追求自己的梦想。整篇散文结构紧凑，语言优美，能让读者在阅读中感受到强烈的情感和思考。

你不能施舍给我翅膀

🌸 **心灵寄语**

> 　　帝王蛾告诉我们，生命的路上，最重要的是不畏惧、不放弃。只有在经历过重重困难和考验后，才能真正体会到那份来之不易的成就感。

　　在蛾子的世界里，有一种蛾子名叫"帝王蛾"。

　　以"帝王"来命名一只蛾子，你也许会说，这未免太夸张了吧？不错，如若它仅仅是以其长达几十厘米的双翼赢得了这样的名号，那的确是有夸张之嫌；但是，当你知道了它是怎样冲破命运的苛刻设定，艰难地走出恒久的死寂，从而拥有飞翔的快乐时，你就一定会觉得那一顶"帝王"的冠冕真的非它莫属。

　　帝王蛾的幼虫时期是在一个洞口极其狭小的茧中度过的。当它的生命要发生质的飞跃时，这天定的狭小通道对它来讲无疑成了鬼门关。那娇嫩的身躯必须拼尽全力才可能破茧而出。太多太多的幼虫在往外冲杀的时候力竭身亡，不幸成了"飞翔"这个词的悲壮祭品。

　　有人怀了悲悯恻隐之心，企图将那幼虫的生命通道修得宽阔一些。他们拿来剪刀，把茧子的洞口剪大。这样一来，茧中的幼虫不必费多大的力气，轻易就从那个牢笼里钻了出来。但是，所有因得到了救助而见到天日的蛾子都不是真正的"帝王蛾"——它们无论如何也飞不起来，只能拖着丧失了飞翔功能的累赘的双翅在地上笨拙地爬行！原来，那"鬼门关"般的狭小茧洞恰是帮助帝王蛾幼虫两翼成长的关键所在，穿越的时刻，通过用力挤压，血液才能顺利送到蛾翼的组织中去；唯有两翼充血，帝王蛾才能振翅飞翔。人为地将茧洞剪大，蛾子的翼翅就失去充血的机会，生出来的帝王蛾便永远与飞翔绝缘。

没有谁能够施舍给帝王蛾一双奋飞的翅膀。天，可以施舍给它甘露；地，可以施舍给它食粮。但是啊，那能将它倏忽带上蓝天的神奇翼翅，如果不是通过煎骨熬血的苦苦挣扎，如果省略了非生即死的重大考验，又怎么可能托举起它凡俗生命去邀霞会霓、摘云揽月？

我们不可能成为统辖他人的帝王，但是我们可以做自己的帝王！不惧怕独自穿越狭长墨黑的隧道，不指望一双怜恤的手送来廉价的资助，将血肉之躯铸成一支英勇无畏的箭镞，带着呼啸的风声，携着永不坠落的梦想，拼力穿透命运设置的重重险阻，义无反顾地射向那寥廓美丽的长天……

精彩赏析

这篇散文深入浅出，用帝王蛾的故事来讲述人生的真谛，表达了独立自主、不畏困难的人生态度。作者通过形象生动的文字描绘了帝王蛾的艰辛成长历程，将这种生命力和人的生命力相提并论。语言简洁明了，富有感染力。整篇文章情感起伏，抒发了追求梦想、克服困难的信念。

创造月亮

在苦难的日子里，从自己的内心中寻找温暖，以月亮为借口，用心灵的力量，给自己一个快乐的机缘。揣着月朗月润的心情，走在生命绝佳的风景里。

唐传奇当中，有这么三个小故事，叫作《纸月》《取月》《留月》。《纸月》的故事是讲有一个人，能够剪一个纸的月亮来照明；《取月》是说另一个人，能够把月亮拿下来放在自己怀里，没有月亮的时候照照；至于《留月》，是说第三个人，把月亮放在自己的篮子里，黑天的时候拿出来照照。

我被这样的故事折服了。

自然惊叹古人想得奇、想得妙，将一个围绕地球运行的冷冰冰的卫星想成了自我的襟袖之物；更加慨叹那不知名的作者"创造月亮"的非凡立意。由不得想，能够做出如许想象的心，定然无比地澄澈清明。那神异的心壤，承接了一寸月辉，即可生出一万个月亮。

叩问自己的心：你是不是经常犯"月亮缺乏症"？晦朔的日子，天上的月亮隐匿了，心中的月亮便也跟着消亡。没有月亮的时候，光阴在身上流过，竟有了鞭笞般的痛感。"不是我在过日子，而是日子在过我。"我沮丧地对朋友说。回忆着自己走在银辉中的模样，是那样的诗意盎然，但今天的手却是绝难伸进昨天——我够不着浴着清辉的自己。这座城市里有一个冷饮馆，叫"避风塘"。我路过了它，却又踅回来，钻进去消磨掉了一个寂寥的下午。赚去我这整个下午的，是它的一句广告词："一个可以……发呆的地方。"灰暗的心，不发呆又能怎样？

我常常想，苦的东西，每每被我们的口拒绝；苦口的药，也聪明地穿起讨好人的糖衣服。苦，攻不破我们的嘴，便来攻我们的心了。而我们的心，是那样容易失守。苦在我们的心里奔突，如鱼得水。可以诉人的苦少而又少，难以诉人、羞于诉人的苦多而又多。忧与隐忧不由分说地抢占了我们的眉头和心头。夜来，只有枕头知道怀揣了心事的人是怎样的辗转难眠。世界陡然缩小，小到只剩下了你和你的烦恼。白天被忽略的痛，此刻被无限放大，心淹在苦海里，无可逃遁。这时候，月亮在哪里？天空没有月亮，心空呢？

想没想过，剪个纸的月亮给自己照明？

创造一个月亮，其实是创造一种心情。痛苦来袭，我们习惯浩叹，习惯呼救，我们不知道，其实自我的救赎往往来得更为便捷，更为有效。唐山大地震的时候，有个女孩掩埋在废墟下达八天之久。在那难熬的日日夜夜里，她不停地唱着一段段的"样板戏"，开始是高声唱，后来是低声唱，最后是心里唱。她终于幸存下来。她不就是那个剪个纸月亮给自己照明的人吗？劝慰着自己，鼓励着自己，向自己借光，偎在自己的怀里取暖。这样的人，上天也会殷勤地赶来成全。

人的生命历程，说到底是心理历程。善于生活的人，定然有能力剪除心中的荫翳，不叫它滋生，不叫它蔓延，给月亮一个升起的理由，给自己一个快乐的机缘，揣着月朗月润的心情，走在生命绝佳的风景里。

精彩
—赏析——

　　这篇散文通过三个唐传奇小故事《纸月》《取月》《留月》入手，引出了作者对自我救赎的思考。整篇文章情感丰富，充满了感染力。特别是作者通过讲述三个小故事，将月亮作为一种比喻，通过月亮的不同形态和不同的使用方式，来表达人们应对生活中的痛苦的不同的态度。文章语言简洁生动，意境丰富，给读者留下了深刻的印象。同时，作者还通过个人经历和故事的呈现，为读者提供了一种积极的心态去应对生活中的苦难。

给它一个攀爬的理由

🌸 **心灵寄语**

在攀爬人生的路途中，我们常常会遇到各种挑战和困难。但是，就像这篇散文中的爬山虎一样，我们需要拥有强大的适应力和创造力，找到攀爬的路线并向上爬升。

秃的墙，没有看头。便有邻居建议，干脆，咱种些爬山虎吧，不消两年，这墙就全绿了。

爬山虎是一种皮实的植物，很容易活。压条后，叶子打了两天蔫儿，但一场雨过后，打蔫儿的叶子下面就冒出了红褐色的新芽。

接下来的一切似乎应该没有悬念了，墙在侧，"虎"善爬，听凭它们由着性子去编织美丽故事好了。

然而不然。爬山虎竟然背弃了那墙，毫无章法地爬了一地。

"怪了！这些爬山虎的'虎气'哪里去了？怎么跟地瓜秧一个脾性了？"一位邻居讶异地说。

我们请来了生物老师。他告诉我们说，墙面太光滑了，爬山虎卷须上的黏性吸盘无法吸附在上面，要将墙弄成麻面才行。

说干就干。我们借了电钻，开始兴致勃勃地破坏那墙面。

经过小半天的奋战，墙体变得面目全非了。我们又不辞辛苦地拉来水管，冲净了那蒙在爬山虎叶子上的白灰，又将那长长的爬山虎藤蔓一根根塔到墙上的花窗孔中，然后正告它们道："这下，你要是还不爬，可就没有道理啦！"

居然，它还是不爬！

生物老师又来了。他挠着头皮说："可能是原先生出的黏性吸盘已经过性了，也就是说，它们在最适合找到攀附物的时候没能找到攀附物，吸盘就在藤蔓上干枯了；而藤蔓顶端嫩芽上新生的吸盘又无力带动那么沉重的一根藤蔓，所以，这爬山虎就难往上爬了。"

看着匍匐一地的爬山虎，我们万分沮丧。

以为只能这样了——新的藤蔓从根部滋出后，张开眼，欣欣然发现旁侧已有我们殷勤打理出的适于攀爬的墙面，于是欢呼着，将卷须上小小的吸盘快乐地吸附于墙面，开始了傲视前辈的向上奔跑；而匍匐的藤蔓只有怨恨地委身地面，看别人飞翔。

清晨，我照例路过那面令人纠结的墙去上班。却见一位父亲带着一个男孩在那面墙前忙碌。再仔细看时，我惊叫了起来。——天！那父子俩居然在用透明胶条一根根往墙上粘那藤蔓！他们已经粘了十几根了。丑陋的墙，被漂亮的绿藤装饰出诗意。

我对那父亲说："你真行啊！太有创意了！"

那父亲嘿嘿一笑说："不是我，是我儿子想出的办法。跟咱们一样，他也在暗暗为这些爬山虎用力啊！看它们实在爬不上去了，他就说，咱们帮它们爬上去，这样，后长出的藤蔓借着老藤蔓往上爬，会更容易些……"

如今，那面墙已经被深深浅浅的绿所覆盖，大概很少有人想起这一墙爬山虎初始的故事了吧？而我却不能忘怀。每次走到这里，我都忍不住驻足。我思维的卷须上生出一个个小小的吸盘，有自嘲，有自省，有自警，有自励。作为一名教育工作者，我问自己，我是否给了每一株怀有向上热望的爬山虎一个攀爬的理由？当理想的藤蔓在现实面前怆然仆地，我能否像那个可爱的男孩一样，不沮丧、不懊恼、不怨艾，智慧地拿出自己的补救方案，将一根根自暴自弃的藤蔓抬举到梦的高度？

精彩
— 赏 析 ——

　　这篇散文以爬山虎"爬不上去"的经历为主线，通过描述人们如何尝试解决这一问题来表达对追求理想的热望以及面对挫折的态度。从写作角度来看，作者运用了大量的比喻和拟人手法，给爬山虎的生长过程赋予了人类的情感和行为特征，增强了读者的情感共鸣。另外，散文的语言简单易懂，情感真挚，扣人心弦。从意境角度来看，这篇文章散发着浓郁的生命力，通过爬山虎的成长经历，表达了追求理想、努力拼搏的态度。同时，通过父子俩用透明胶条把爬山虎粘上墙这一场景，告诉我们，在困境中人们需要相互帮助、携手前行的精神。整篇散文让人感到温馨、向上、鼓舞。

先干该干的，后干想干的

❀ 心灵寄语

　　人人都有想干的事，但我们需要先干该干的事，才能更好地追求自己的梦想。在把握时间和生活的平衡点上，我们需要有"定力"。只有大人率先生出"定力"，孩子方可能生出"定力"。

　　昨晚八时许，退休的老同事打来电话，说她的孙子上小学四年级了，每天放学回到家，把书包一扔，就开始意兴盎然地玩游戏，连饭都不好好吃。她说，为此，她和孩子的爸爸、妈妈对孩子软硬兼施，但无论如何都无济于事。她让我帮忙开个"药方"。

　　我问她："你儿子儿媳下班后干什么？"

　　她说："他俩工作特别累，回到家都散架了，啥都干不动了……"

　　我不依不饶地追问："此刻他俩在干什么？"

　　她压低声音说："儿媳妇忙着网购呢，儿子在看电视呢，孙子还在玩游戏，得玩到九点左右才肯写作业……"

　　我说："我明白了，你们家那三个人此刻都在干一件事——'想干的事'。我呢，真的也没啥好建议，只希望去你找一张大纸，在上面写上这十个字：先干该干的，后干想干的。写好了，贴在你家最显眼的地方，全家人共同遵守，谁违规，就罚谁洗碗一周！哈哈。"

她听了将信将疑地说："那我试试吧。"

我猜，她试也不大可能成功，因为，她狠不下心让儿子、孙子刷碗。所以，在他们家，先干想干的，后干或不干该干的，依然会大行其道！

在许多人那里，想干的事都有一个共同特征——"短半衰期快乐"。游戏，吞进去的是时间，吐出来的是空虚。就算快乐的泡沫能瞬间反射五彩的光芒，破灭，注定是它唯一的下场。

我早年教过的一个学生，步我的后尘，读了师范，教了语文。

最近见面，她惊异地问我："老师，你教我们那会儿，当班主任，教两个班的语文课，孩子那么小，全靠你一个人带，可是，你一直在发表文章，你哪来的时间写作呀？"

我说："我把事情分成两类：一类是该干的，一类是想干的；最难得的是，这两类事情的高度重合，也就是说，该干的事，恰好就是想干的事！写作，对我而言，就是这样一件妙事啊！你想，在这件妙事面前，我怎么能好意思没时间呢？"

说起来，上天给了每个人足够多的圆梦时间，但是，这时间被太多的鲸和蚕觊觎——鲸要吞它，蚕要食它，当我们拿着鲸和蚕吃剩下的时间去兑换梦想，却不幸被告知我们买不起了，这，是在多少人身上上演的相似悲剧？

我想，在该干的事与想干的事未能重合的时候，将它们分出先后是靠谱人士的靠谱做法。在一个家庭中，大人先要"打样儿"，不要被想干的事劫掠了去，只有大人率先生出"定力"，孩子方可能生出"定力"。

人人都有隐忧，游戏可以忘忧，但，游戏的忘忧太短暂，短暂到几乎与游戏本身同步，所以，我们几乎听不到有人会在公开场合恬不知耻地吹嘘："去年的今天，我创造了连赢十把牌的骄人记录！"然而，我们会听到有人说："去年的今天，我拿下了教师资格证。"（或律师资格证、医师资格证、导游资格证、会计师资格证、催乳师资格证……）后者的快乐，不会像泡沫那样轻易破灭，它属于"长半衰期快乐"。

先干该干的，后干想干的。

你是否愿意把这十个字视为你家的"家庭第一律"？你可愿意将它郑重写在纸上，贴在你家最显眼的地方？

精彩赏析

这篇散文讲述了人们在"该干的事"和"想干的事"之间的抉择。游戏、打牌等想干的事容易滋生短暂的快乐，但是该干的事才是我们真正需要去完成的。在这篇文章中，作者以幽默风趣的方式，为我们指出了先做想干的事这种做法的危害以及如何改变这种不良行为。如果你也在为如何平衡该干的事和想干的事苦恼，那么请把这篇文章的精神融入你的生活中，让你的生活更有定向性和目标性。

走出"舒适区"

🌸 **心灵寄语**

跨出"舒适区",将"学习区"变成"舒适区",再将"恐慌区"变成"学习区",这样,人生的"意义面积"就会越来越大,一条命,就能活出几辈子的况味。

在敬一丹主持的《谢谢了,我的家》的一期节目中,我见到了台湾作家刘墉的儿子刘轩。多年前,我就在刘墉的系列文章中认识了他;而当一个蓄了短须的高大男子蓦然出现在屏幕上时,我还是多少有些惊惶——当初那个被父亲殷殷叮咛的小男孩,如今已然被岁月带得这么大了!

刘轩提到了父子二人的二十九岁——

父亲二十九岁那年,他们举家迁往美国。刘轩因为语言障碍,一次次被戴着手表的父亲驱赶着用英语去向陌生人询问:"现在几点了?"刘轩的"励志课"是在屋檐下上的,父母为了他,毅然离开台湾的"舒适区",来到美国艰辛打拼。刘轩说,父母在灯光下刷糨糊裱画的情景,让他没齿难忘。

而刘轩二十九岁那年,为了超越自己,毅然离开美国,回到台湾打拼。他讲到只身初到台湾时的一个细节——饥肠辘辘的他,买了一碗方便面，却在简陋的出租房里寻不到泡面的开水，于是，他将淋浴器开到最热档，一遍遍狂冲面块。谈到当时的情形时，他用了一个逗笑了敬一丹的字——"酷"！他说他告诫自己一定要牢牢记住这难忘的一幕，因为这一幕实在太酷！

父亲为了儿子走出了"舒适区"，儿子为了更好的发展走出了"舒适区"。

你能不能意识到——恰恰是因为当年父亲走出"舒适区"的果敢行动，赋予了儿子走出"舒适区"的强大力量。在我看来，刘轩二十九岁时对父亲二十九岁时所做出的选择的背叛，恰是刘墉最想要的结局。

对"舒适区"的迷恋，差不多是人的本能。舒适，最能挽留怠惰的灵魂。

每个人都有自己的"舒适区"。国王有，乞丐也有。越是平庸的人，"舒适区"就越小。他自得其乐地活在一个没有挑战和痛感的小圈子里，啜饮着不凉不热的岁月，逗弄着不浓不淡的光阴。他不愿向圈外跨出半步。跨出"舒适区"，意味着不舒服的来临。他害怕伴随着新风景的出现，危机与挑战会轮番来袭扰他脆弱的生命。而勇者则恰恰相反，他会不断地接起那些恼人的臭球，竭力将"非舒适区"变为"舒适区"，让自己的"舒适地盘"渐次扩大，让自己的"舒适区"能够圈进更加丰饶的内容。

所以，刘墉既是作家，又是画家，还是记者和主持人。刘轩，既是心理学家，又是作家，还是音乐、时尚、娱乐达人。父子俩都堪称跨界奇才。跨界，是一次次悲壮地走出"舒适区"的必然结果。冲出既有的"舒适区"，将"学习区"变成"舒适区"，再将"恐慌区"变成"学习区"，这样，人生的"意义面积"就会越来越大，一条命，就能活出几辈子的况味。

我总是忍不住高看"舒适区"的叛徒。当我早年的一个学生悄悄跟我说，她想辞掉眼下这份收入颇高但一直不被她喜欢的工作时，我立刻就欣然与她站到了一起。我几乎每天都要发微信问她一次："宝贝，辞了吗？"须知，当一个生命开始热切向往一个为人生意义加分的机缘时，这个生命就与千万凡庸的生命有了判然的分野。

贪图安逸的心，无异于殷勤地为自己的大脑催蠢；而背弃了舒适的人，从背弃的那一刻起，生命，就放射出了照亮自我与他人的光华。

精彩赏析

这篇散文从刘墉父子二人的成长经历入手，以"舒适区"为主题，探讨了对"舒适区"的迷恋和背弃的意义。作者通过刘墉和刘轩的例子，阐述了勇者和平庸者对待"舒适区"的态度和行动的不同。文章语言简练，富有感染力，让读者在阅读中逐渐领悟到作者想要表达的深刻主题。从写作技巧和意境营造等多个角度看，这篇散文表现出了作者深厚的写作功底和思考深度，是一篇优秀的散文。

1.阅读《积懒成笨》，回答下面的问题。（12分）

（1）文章中，"积懒成笨"是什么意思？（2分）

_____

_____

（2）作者认为，人们通常会为懒惰披上什么样的外衣？（3分）

_____

（3）作者认为，为什么一些学生会成为"木头人学生"？（3分）

_____

_____

（4）根据朱光潜先生的话，懒惰会对人造成什么危害？（4分）

_____

_____

_____

2.阅读《走出"舒适区"》，回答下面的问题。（9分）

（1）刘轩对饥肠辘辘买了方便面后在出租房找不到开水，便将淋浴器开到最热档，一遍遍狂冲面块。谈到当时的一幕时他用了一个什么词来描述这难忘的一幕？用了_____。（1分）

（2）作者如何看待刘轩二十九岁那年选择回到台湾？（4分）

_____

_____

_____

（3）作者为什么高看"舒适区"的叛徒？（4分）

_____

_____

_____

_____

3. 写作训练。（60分）

　　爱有很多种：有令人潸然泪下的父母之爱，有让你铭记一生的朋友之爱，有只为付出不求回报的老师之爱。爱就在身边，也许就在父母的一个眼神里，也许就在老师的一句鼓励里，也许就在伙伴的一次帮助里。生活中并不缺少爱，缺少的是发现爱的眼睛。

请以"爱，原来就在这里"为题，写一篇文章。

要求：①思想健康，立意正确，事件具体，内容充实；②除诗歌、戏剧外，文体不限，语言流畅；③文中不得出现真实的人名、校名，如不可避免，可用××代替；④不得抄袭，不得套作，不少于600字。

调 皮

❀ 心灵寄语

> "调皮"的背后是不拘一格，富有创意。因此，要适当包容学生的"调皮"，让他们能够写出有趣的文章，做有趣的人。

如果你是语文老师，你为学生布置了一篇命题作文《我的母亲》，结果，有个学生交上来一篇题目为《我的后妈》的作文，而实际上他根本没有后妈，他亲爸亲妈过得好好的——这孩子瞎编了一个"后妈"！那么，作为语文老师，你该怎样为这篇作文打分呢？

这篇作文的作者名叫沈虎雏。这是他读四年级时写的一篇作文。

他的哥哥沈龙朱说："我弟弟这个作文真是没有道理，因为我们的妈妈、爸爸在那里，都是亲的，没有后妈。但是弟弟就编了这样一篇作文，完全是瞎编的。弟弟写这么一篇东西，爸爸妈妈都高兴极了！父亲夸奖弟弟说：这个想象太好玩了！因为弟弟老听故事里讲后妈怎么怎么坏，他就把想象出来的东西写成了作文，他的编造能力获得了父母的认可。在亲妈面前，编后妈的故事，多好玩儿啊！很难想象类似情况发生在别人家里，说不定孩子还会挨揍呢！但我父亲的态度完全相反。"

这个父亲不是别人，正是一代文豪沈从文；而这个母亲，则是民国名媛张兆和。

沈从文太欣赏儿子这篇文章了，拿着它到处炫耀，夸奖儿子"写得太好玩儿了"。

最近在"杰哥的精致语文"上读到一篇语文教师写的下水文——《杰哥请您来当评委：给一篇下水作文判分写评语》，写得可真"实在"呀！通过这篇文章，我认定了文章后面站着一个憨厚实诚的人，一个值得深交的人，可是，文章真的不是这么作的呀。

沈从文有个著名的主张："做人要老老实实，但写文章就是要调皮。"

沈虎雏的文章之所以深得父亲赞许，就是因为它很好地体现了老爸的创作主张：调皮。

调皮就是不刻板地照搬生活。

调皮就是不铁青着脸叙事。

调皮就是不端着臭架子说理。

调皮就是不拿腔拿调抒情。

通篇"正确的废话"的官样文章，谁有耐心不"跳读"呢？而文章一旦被人"跳读"，就等于被施了"冷暴力"。

我理解的调皮，就是有情趣、有情调、有情味。

有个学生在作文中歌颂他的故乡，引用了余光中的名句："月色与雪色之间，你是第三种绝色。"我笑了一下，不知道情诗还可以这样引用，但我得承认这个句子博得了我的好感，因为它有情味，因为它调皮。

余光中在《朋友四型》里把人分四种：

第一型，高级而有趣；

第二型，高级而无趣；

第三型，低级而有趣；

第四型，低级而无趣。

其实，何止是人，文章不也可以做如是分类吗？

同是"高级"的，有趣者优先；同是"低级"的，有趣者优先。

当初读余光中的《与李白同游高速公路》，从头笑到尾：

慢一点吧，慢一点，我求求你

这几年交通意外的统计

不下于安史之乱的伤亡

这跑天下呀究竟不是天马

跑高速公路也不是行空

限速哪，我的谪仙，是九十公里

你怎么开到一百四了？

余光中坐"谪仙"李白的车在高速公路上狂奔，这跟沈虎雏受根本不存在的后妈虐待委实有得一拼啊！

调皮的文章是"有趣的灵魂"的伴生物。

我担心的是，写不来调皮的文章的人，也不懂得欣赏调皮的文章。面对沈虎雏的"后妈"和余光中的"李白"，一句"真实才是文章的生命"就足以将它们打到"三类文"当中去了。

"做人要老老实实，但写文章就是要调皮。"作为经常跟学生作文打交道的人，我们能否在自己的语文审美当中加进"调皮"这个词呢？

精彩
—**赏**析—

　　这篇散文从一个学生作文的例子入手，探讨了调皮这一写作风格。作者认为，调皮是不刻板地照搬生活，不铁青着脸叙事，不端着臭架子说理，不拿腔拿调抒情。调皮让文章不仅有情趣、情调、情味，更让它有生命力。而有趣的灵魂则是调皮文章的伴生物。为了让学生能够写出有趣的文章，作者建议语文老师应该在自己的语文审美当中加入调皮这一元素。本文虽然是从调皮这一文学风格入手，但是它所表达的更多的是一种生活态度，是一种活泼自由、开放包容的人生态度。在这样的人生态度下，我们可以看到作者对生活的热爱、对文学的热情以及开放的心态。

———————

理 由

🌸 **心灵寄语**

> 师生关系就像亲子关系。如果孩子犯了错误，难道父母就不应该去看望他吗？刘道玉校长用他深挚的教育情怀教给了我们这个道理。

"你是校长，不该去探视坐牢的学生！"

我亲眼看到一些人这样劝阻一个人。他们好心地抬出了诸多理由——

一、对你本人不好。你是校长，跑到监狱去探视一个跟你关系不大的人，有失身份。再说，你这么大岁数了，去一趟那个地方，身心都受摧残。

二、对你学校不好。学生被判刑，又不是啥光彩事，捂着还来不及呢，你还要闹出动静，生怕别人不知道你培养了个罪犯？

三、你让监狱为难。怎么接待你呀？按副厅级？探视室啥标准？探视时间要不要延长？

连坐在旁边的我都被说服了。嗯，还是不去的好。

当然，那个校长也被说服了。他当即表态：不去了。

时过境迁，我差不多淡忘这件事了。但是，今天读一本书，这个老问题又重新摆到了我面前。

那个叫刘道玉的校长，竟然执意要去探视一个早年毕业于自己学校的罪犯学生！

那个罪犯学生的同学们听说此事，都跑来阻拦校长："您不能去啊！我们代您去吧！"

但刘校长一定要去。

便去了。

监狱方听说大名鼎鼎的刘道玉校长要来探监，慌忙安排那个罪犯学生到附近一家酒店与刘校长见面，意在营造一种和谐、宽松的气氛。

监狱方贴心地安排刘校长和他的学生坐在一起。

一别 15 载，校长老了，学生也不再年轻。二人谈及往事，不禁感慨唏嘘。

监狱方特别感谢刘校长的到来，说这是对他们工作的莫大支持；被探视的学生也特别感动，追悔、愧疚、盟誓，趁着去洗手间，他悄悄告诉刘校长自己出狱后的人生规划。

对有着深挚的教育情怀的刘校长而言，这是一次多么令人慰藉的"售后服务"啊！时隔不久，他居然又复制了一次这样的服务——去监狱探视了另一个罪犯学生。

书页之外的我，羞愧难当……

不去探监，我们找出了多个理由；但去探监，一个理由就足够了。

这个理由，是刘道玉校长教给我的，他说："师生关系犹如父母子女。如果孩子犯罪坐牢，难道父母不应该去探视吗？"

精彩
——赏析——

　　这篇散文很好地展现了一个人在面临道德困境时，如何经历思考和决策的过程。作者通过描述自己和别人在面对校长探访囚犯这一事件时的不同态度，展现了一个人内心的挣扎和道德选择的重要性。同时，作者通过校长探访囚犯的故事，表达了为人师者的责任感。整篇文章情感细腻，语言优美，尤其是最后校长的一句话，"师生关系犹如父母子女。如果孩子犯罪坐牢，难道父母不应该去探视吗？"，让人深受启发和感动。

————————

他的"羞愧"击中了我

🌸 心灵寄语

忏悔是精神的自觉澡雪，是面对罪恶的勇气和悔改的力量。只有敢于正视错误并勇于改正，我们才能走向更好的未来。

"现在回想起来，觉得很羞愧。"

最近，中国政法大学教授、CCTV 2020 年度法治人物、我的"男神"罗翔在一档访谈节目中回忆起发生于 17 年前却让他终生难忘的一件事。

2003 年，还在读博的罗翔在天桥偶遇一位来京寻求法律援助的"衣衫褴褛、头发灰白"的老太太。

因为找不到援助中心，老人从北京西站一路步行问路到双安天桥。

罗翔见状便提出打车送她。

但出于怕惹麻烦的想法，罗翔有意隐瞒了自己的法律人身份。

到了目的地，老人一句体贴的话"你不用陪我上去了，别影响了你的前途"，瞬间击中了罗翔的内心，让他羞愧至今。

他完全可以不羞愧。

即使羞愧了，他也完全可以选择不当众说出自己的羞愧。

但是，他羞愧了，并且，他选择当众说出自己的羞愧。

罗翔的羞愧，无疑是一种忏悔。

在忏悔很难抢到一席之地的土地上，罗翔成了一个珍稀的存在。

这位"法治明星"的"自黑"之词，非但没有破坏他在我心中的形象，反使我对他的敬仰又上了一个台阶。

忏悔，不仅是自责，还包括了对自我更高的期许，它是精神的自觉澡雪，力求尽美，使之适合天堂的要求。

日本作家芥川龙之介说：古人在神面前忏悔，现代人在社会面前忏悔。

有个校长，在一个可以大出风头的大会上发言，谈"最难忘的教育故事"。

他不说高考的伟大成就，也不说竞赛的摘金夺银，却傻乎乎自揭疮疤。

他说，他做中层时，有个学生丢了一块手表，他率众成功破案——在一个女生的皮箱里找到了赃物。

"女贼"被开除。

几年之后，他看到"女贼"在摆摊卖胡椒面，顿时万箭穿心……

他向着所有与会的教师忏悔。告诫他们不要步自己的后尘。

教育问题，有一万种解决方案，而他，偏偏选择了最冷酷、最残忍的方案。

这个人，是李希贵。

李大钊说过一句发人深省的话："最可敬的，是忏悔的人，因为他是从罪恶里逃出来的。"

罗翔逃出来了。

李希贵逃出来了。

但，太多的人不肯、不能、不会逃出来。

所以，莎士比亚在《哈姆雷特》中写道："试一试忏悔的力量吧！什么事情是忏悔所不能做到的？可是，对于一个不能忏悔的人，它又有什么用呢？"

"虽有嘉肴，弗食，不知其旨也"。忏悔，纵有千般好，但对于一个抵死拒绝忏悔的人，它既可被视若草芥，亦可被弃如敝屣。

精彩
— 赏析 —

这篇散文通过罗翔和李希贵的故事，强调了忏悔的重要性。作者称赞了罗翔，因为他能够公开承认自己的羞愧，这是一种精神的自觉澡雪，是精神的自我完善。在教育问题上，作者引用了一个校长的例子，他忏悔自己过于决绝地开除了一个学生，告诫其他教师不能犯同样的错误。忏悔就是从罪恶里逃出来，这是一种可敬的品质。虽然这篇散文写的是忏悔的重要性，但又通过莎士比亚的话告诉我们，并不是人人都能被忏悔的光照耀。这种深刻的思考和细腻的笔法，让这篇散文更有内涵，更值得一读。

骚魂不散

经典的文学作品，永远都能带给我们启迪和滋养。

马英九自称是从《诗经》中走出来的。

论者多以狂热的女学生央其在薄衫上签名，而"小马哥""悬腕而书"一事为佐证，标榜其坐怀不乱。

我问自己，我也是从《诗经》中走出来的吗？一度回答"是"。但慢慢地，我干掉了那个说"是"的自己。

我不是。

因为，《诗经》里有我不中意的"颂"。

如果一定要仿造一个马英九那样的句子，我会说，我是从《离骚》中走出来的。

在大学的课堂上，纵然学了《离骚》，也无感。

真正让我对《离骚》感兴趣的，是我的现代文学老师从药汀先生。从先生可以大段大段背诵屈原的作品，他将自己研究《离骚》的专著《屈原赋辨译（离骚卷）》送给了我——作为生日礼物。

感谢从先生"目光的第二次给予"，他让屈原真正走进了我的生命。那个忧国忧民、忧时忧世、恋香草、恋美人的瘦长身影，从此在我的生命里生了根。

当遇到兰菊花开，我会在心里欣然道：朝饮木兰之坠露兮，夕餐秋菊之落英。

当遇到马匹饮水，我会在心里悄然道：饮余马于咸池兮，总余辔乎扶桑。

当遇到嫉恨与碾压，我会在心里怫然道：众女嫉余之蛾眉兮，谣诼谓余以善淫。

当遇到背弃与辜负，我会在心里怃然道：兰芷变而不芳兮，荃蕙化而为茅。

…………

很奇怪自己竟深度依赖上了"离骚表达"。一度，离了《离骚》，我就不会说话了。

记忆中与《离骚》有关的、最令我震惊的一件事，发生在一个穷得叮当响的小镇上。

那是十几年前的事了。我们去大山深处会晤梨花，同游的一个朋友联系了当地的镇长，镇长执意邀请我们去他家吃农家饭。

乍暖还寒，屋外温度比屋内高，于是，我们索性就将餐桌移到了阳光响亮的院子里。说到山里人的生活状况，镇长吐出了一大串让人唏嘘不已的数字，末了，土土的他叹口气道："长太息以掩泣兮，哀民生之多艰。"

正在咀嚼野菜的我，登时呆住了——我万万没想到，屈原的句子，居然能在这个偏僻的农家小院里，青枝绿叶般地活着。

"离骚"，我不喜欢班固把这两个字解释成"遭遇忧愁"，我喜欢钱锺书的这个解释：

"离骚"一词，有类人名之"弃疾""去病"或诗歌之"遣愁""送穷"，盖"离"者，分阔之谓，欲摆脱忧愁而遣避之，与"愁"告别，非因"别"生"愁"。

离骚，就是"作别忧愁"。

这一诠释，深得我意。

"千古忠贞千古仰，一生清醒一生忧"。那个梦想"作别忧愁"的人啊，你又被那热恋着你的忧愁如愿以偿地撵上了吗？

两千多年，你"骚魂"不散。

你活得那么郁闷，死得那么郁闷，连个赞歌都不会唱，可为什么，我总妄想隔空握住你的手呢？

蛾眉美目远去了，露申辛夷远去了。我们还在这样的世上活着。当我们和泪吟出"已矣哉……"，我们不妨给忧悒的自己一个温柔的"蝴蝶拍"①，然后，学了那钱锺书的语气，半是自欺半自赎地说——

离骚，离骚，离了个骚……

精彩 —赏析—

这篇散文充满了对《离骚》的热爱和感悟，表达了作者对屈原的崇敬。从文中可以看出作者对文学的深度理解。作者通过回忆自己与《离骚》的缘分，表达了对屈原的敬仰和对人生的思考，既有感性的表达，也有理性的分析。整篇文章自然流畅，意境深远，语言优美，给人以启迪和感悟。

---

①蝴蝶拍：一种缓解焦虑、放松心情的心理技术，双臂交叉于胸前，双手轻拍肩膀。

戒　欺

🌸 **心灵寄语**

> 戒欺，这是胡庆余堂胡雪岩留给我们的宝贵的祖训。"诚实"的路，虽然可能坎坷难走，但这条路是正扇形，越走越宽；欺瞒的路，则是"倒扇形"，越走越窄。

"3·15晚会"后劲儿可真大！几天之后，在一个肉摊，我听到一位大姐喝问摊主："你这肉是瘦肉精的吗？"

我们怕了，真怕了。吊白块、苏丹红、三聚氰胺、瘦肉精……这些瘆人的添加剂轮番偷袭我们脆弱不堪的生命，我们不禁要问：那些恪守规矩的生意人，还在吗？

想到了王开岭《乡下人哪儿去了》一文中讲的一个故事：有一年，张中行去天津，路过杨村，听闻一家糕点有名，兴冲冲赶去，答无卖，为什么？没收上来好大米。张先生纳闷，普通米不也成吗，总比歇业强啊？伙计很干脆，不成，祖上有规矩。

嗯，这个祖上足够狠，存心断晚辈活路吗？这个晚辈也足够憨，存心以殍祭祖吗？

"变通"这个词都不会写吗？收不上好大米就不做糕点了？好大米跟普通大米能有多大区别呀，不都是个米吗？！

这么憨的人竟然还有伴儿。

看一段视频，说的是有家"活鱼馆"，一直恪守"拒烹死鱼"的祖训，传到孙子这一辈，生意越做越大。一天，爷爷"老余头"坐轮椅来"查岗"，发现孙子在指挥人搬运冻鱼。爷爷拦住一个食客，问味道如何，食客答："味道好极了！我们跑了一百多里路特意来这馆子吃活鱼，果然名不虚传！"爷爷当即命人砸了招牌。

在杨村糕点师和老余头心里，祖训就是用来遵守的，走半点样儿，自己不饶自己。

"内不欺己，外不欺人。"对一个灵魂洁净的人而言，纵然全世界都不曾识破他高妙的骗术，"自心"这个法官还是要冷酷裁决的。

极端逐利心态所导致的极端短视行为甚或盲视行为，与亲吻毁灭之神无异。"瘦肉精"，看起来很"精"，其实蠢到了极点。

我老家有句老话说："拙赚赚栋楼，巧赚赚线头。"是啊，拙赚，赚的是长远；巧赚，赚的是眼前。可叹的是，立志"巧赚"的人多如牛毛，立志"拙赚"的人稀如牛角。

想到了胡庆余堂胡雪岩手书的著名祖训："戒欺"。

"戒欺"，其实是"戒蠢""戒穷""戒祸"。但是，"欺"是个很黏很黏的字，它总能伺机往人身上贴。被"欺"俘获的心，非但不思解脱，反而"甘之如饴"。戒掉"欺"，需要跟钢铁掰腕子。

"戒欺"，被杨村的无名糕点师和老余头们阐释得馥郁芳香，也被利欲熏心的"民间化学家"们侮狎得臭不可当。

"戒欺"的路，就算再坎坷难走，也是个"正扇形"，越走越宽；欺瞒的路，则是个"倒扇形"，越走越窄。

永记，人类没有任何一种遗产如"诚实"那般丰饶。

精彩
—**赏**析——

　　这篇散文从对食品安全的恐惧、对传统文化的思考、对人性的探究等多个角度深入探讨了"诚实"的重要性。作者运用了生动的案例和细腻的描写，引发了人们的深思。作者通过对"拙赚"和"巧赚"两种不同的商业态度的比较以及对"戒欺"的阐释，传达了对"诚实"这一品质的赞美和呼吁。整篇文章语言简练、意境深远，富有启示性。

蓝和平

💜 心灵寄语

> 每个人都有自己的故事，也都有自己的价值。不要因为平凡而失去光芒，因为每个人都可以通过自己的生命，为世界带来一些美好和温暖。

下班回家，我问老徐："对面楼三门出啥事了？咋聚了那么多人？"

老徐问："三门？"

"对呀！"我说，"就是卖花的秦师傅家那个门洞呀。你快来看——"

老徐趴窗台上瞄了一眼，回转身对我说："不是红事就是白事，还能有啥事？"

可是，不对呀。按照此地风俗，若是红事，头天晚上是要"响门儿"（放鞭炮）的；若是白事，要挂纸幡、搭灵棚、开"音乐会"（请吹打班子）的。更有甚者，还要重金请来当地歌星，联唱流行歌曲……可今天这番光景，着实叫人看不出个门道。

我扎起围裙去厨房忙活。一抬眼，看到我家月季"蓝和平"又开了一朵。想起秦师傅，心里隐隐泛起一丝不安，又慌忙按下这份不安，骂自己道："狂想症发作！"逼着自己想点儿乐事——那天，在早市看到秦师傅面前摆了许多新品种花卉，挨个欣赏，最后目光落在这棵花朵玫红略透微蓝的月季上。我问："这是不是蓝色妖姬呀？"秦师傅大笑道："幺鸡？还东风呢！这叫'蓝和平'！长见识去吧你！"我抱回了那盆"蓝和平"，连同秦师傅慷慨赠送的一大包花肥。

"日落西山红霞飞，战士打靶把营归……"——呀，这是哪里军训？这么整齐嘹亮的军歌！

"你快来看！"老徐在客厅急唤我。我跑过去，隔窗俯瞰——我的天！对面小甬路上整整齐齐地席地坐了五六十号人。是他们在唱！

从《说句心里话》到《血染的风采》，从《十送红军》到《怀念战友》，他们仿佛不是用喉咙在唱，而是用生命在唱。他们唱得太整齐了，就连跑调都是整整齐齐地跑调！

"我猜，对面楼，很可能没了一个老兵。"老徐闷闷地说。

有人敲门。

打开门，是楼下的邻居，手里拿着一盆盛开的仙客来："嫂子，这花送给你。对面楼秦师傅过世了，临走前嘱咐家人，不挂纸幡，不搭灵棚，更不请吹打班子，把剩下的花送给邻居们。我们才知道他年轻时当过兵。这不，他的战友们从四面八方赶来为他送行。唉，秦师傅这辈子，也算活值了。"

精彩
—赏析——

作者巧妙地将月季花与对面楼发生的事情联系在一起，讲述了秦师傅去世的事情，令作者伤心至极。作者在描写对面楼唱军歌的场景时，让读者感受到一种整齐划一而又悲壮庄重的氛围。最后，通过邻居送来的花，揭示秦师傅的逝去，以及他的战友们为他送行的感人一幕，表达了对逝者的缅怀和敬意，同时也启示人们要珍惜当下，珍惜身边的人和事。

请永葆你的"二"

❀ 心灵寄语

让我们珍惜孩子的少年时光和天生的好奇心，不要用繁重的课业和题海让他们失去最宝贵的东西：无限可能性。

排队等付款的时候，见前面两个年轻女子聊得挺欢。

一女子问："孩子送幼儿园了？"

另一女子答："我们上小学一年级啦！"

"这么快？！是上的 T 小学吗？"

"是啊！跟你家的宝贝上的同一个学校。"

"那学校环境倒是不错，就是师资参差不齐。班主任是谁呀？"

"佳佳老师。"

"啊？！就是那个个子矮矮的、说南方普通话的佳佳老师吗？"

"对呀！就是她！"

"都说她有点儿……二。"

"是啊！特别愁人！这不'十一'长假布置作业，人家别的老师都是让孩子做语数英作业，她可好，留的作业竟然是让孩子每天轮流亲家人一遍，观察家人被亲时的表现；还要每天晒两个钟头太阳，阴天的话，就等晴天了加晒一个钟头；不光晒太阳，还要观察落叶，返校时每人至少交 10 片落叶……你说这不神经病吗？！时间长了，孩子成绩还能要啊？"

"赶紧找找人，给孩子转班吧！"

"别——"我在心里高呼。

这个佳佳老师，刚好是我欣赏的那一款呢！

"十一"长假，那么多人爆料称，孩子写作业写哭了。我也曾亲见一个叫航航的小学三年级学生写的作业，语文，让孩子说出"山坡上的花在欢笑"为什么说"欢笑"而不说"微笑""大笑"……诸如此类的"找茬题"，搞得孩子晕头转向，真的不如亲家人、晒太阳、捡树叶更有意义呢！

诺贝尔奖得主中村修二认为"东亚教育浪费了太多生命"，他说："家长让孩子从小沉浸在补习班和题海里，希望能去抢到眼前看起来很稀缺的学校资源，也许从长远来看，反而浪费了孩子最大的资源——有无限可能性的少年时光和天生的好奇心。"

在我看来，那个佳佳老师就是来保护孩子的"最大资源"的。她通过善的教育（亲家人）、健的教育（晒太阳）、美的教育（捡树叶），为孩子的小长假注入了可供回忆一生的珍贵因子，她力图将孩子培养成一个有爱、有力、有趣的人。可以说，佳佳老师关照的是孩子的"远期收获"，这比抢得眼下的 10 分 8 分重要得多；另外，返校之后她一定要"收作业"的吧？孩子们分享"亲家人、晒太阳、捡树叶"的过程，不就是最好的"口头作文"吗？

我愿让自己的孩子遇到"佳佳老师"！

我愿佳佳老师永葆她的"二"！

精彩
——赏析——

　　这篇散文通过描述一个老师布置作业的事，讨论了我们应该如何看待教育。作者认为，教育不应该只是为了眼前的成绩，而是应该注重培养孩子的人格、品德和习惯。这个佳佳老师通过引导孩子们亲近自然、亲近家人，让孩子们在快乐中成长，同时也培养了孩子们的观察力和表达能力。作者提醒人们，这样的教育方式是有价值的，教育不应该只关注考试成绩。从写作角度来看，这篇散文的语言简洁、流畅。作者通过描述一个具体的案例，让读者更容易理解她的观点。同时，作者的观点非常鲜明，没有模棱两可，这也让读者更容易接受。

非洲的甘霖

> 我们应该学会宽容和饶恕，善待自己，也善待他人。只有当我们拥有了一颗善良、宽容和坚强的心，才能真正地享受生命中的美好和幸福。

我的学校有两个女生闹矛盾，惊动了学校的德育处和双方家长。说起来好笑，矛盾的源头只是一句玩笑话，但脆弱的心不堪承载，于是引发了怨怒。在为这两个女孩解决矛盾的过程中，我发现她们都不算刁蛮，且都因失去了对方的友谊而暗自伤怀，我便分别告诉她们说："退让一步天地宽，你应该主动跟好朋友去认个错，求得她的谅解。世界这么大，人和人碰个面都叫缘，你们要在一起厮守1000多天呢，这是多么深的缘分！你应该惜缘才对呀！"听了我这番话，两个女孩都点头称是，都表示会与对方言归于好。就这样，她们的事了结了。时隔一个学期，有一天，我在走廊里遇到了其中一个女生，她向我问好，我便随口跟她聊了几句天。末了，我问起那个曾与她闹矛盾的女生的情况，她脸一红，低下了头。我吃惊地问："难道，你们俩到现在都没有和好？"她惭愧地点了点头，支支吾吾地说："我……我也想主动和她说话，可是……我……我一直没有找到合适的机会。"我又好气又好笑，对她说："你想要机会是吧？那好，现在，你就去教室，告诉那个女生说，我找她有事！"她愣了一下，看我不像是在开玩笑，便转身去了教室。一会儿，两个人小声嘀咕着畏畏缩缩走到我面前。我说："瞧，这不就说话了吗！给你们讲一个故事：在非洲一个部落里有这样一种风俗，每年旱季，如果老天大发慈悲降下甘霖，村人们就捐弃前嫌，与仇敌和好。这种风俗叫'饶恕周'。——这么久了，你俩还僵着，你们在等待'非洲的甘霖'吗？记着，善于结怨的人，其实是在设法囚禁自己的心。学习是多么苦的事啊，你们还嫌自己苦得不够，还要设法囚禁了自己的心，让它每天都要多吃一重苦，多受一重罪——你们看看，自己有多傻！"那之后，我欣喜地看到了她们两人一起在食堂餐桌上同吃一份单炒的亲热情景，她们羞涩地朝我摆了摆手，我冲她们眨了眨眼，三个人会意地笑起来。

现在，那两个女生已经上大学了，但是，她们的"案例"却经常被我忆起或提起。我曾经说过："因为挚爱光明，我与黑暗结了怨。"不幸的是，生活当中介乎"光明"与"黑暗"的事物却比比皆是，而我倨傲的眼光有时还免不了传递给我错误的消息。所以，我不再敢高声吟哦那壮美的诗句。我不得不承认，我也曾与不该结怨的人结了怨。我的心，在一千遍的自我拷问中碎裂。我也在悄悄等待"非洲的甘霖"哦！可是，因为骄傲，因为虚荣，因为想捍卫那或许根本就不值得捍卫的尊严，我粗暴地驱逐着那甘霖降临的机会，固执地囚禁着自己千般愁苦的心。我的虚伪还在于，当一个高贵的灵魂率先赶来解救我无辜的心的时候，我让自己平淡地说："过去的事，我全都忘记了，彻底忘记了。"——我当然知道自己在说谎。我何曾忘记！我是这样善于铭记不愉快，这样善于把早该变旧的不愉快一遍遍刷新！说到饶恕，我以为，一个人必得先饶恕了自我，才能够真正地饶恕别人。我却似乎从不懂得宽待自己，不懂得凭自己的手就完全可以赦免自己的心。我给那两个女孩提供了和好的机缘，她们是可爱的，因为她们把这个机缘的种子侍弄得开出了千娇百媚的花。我有这样的本领吗？或者说，我愿意拥有这样的本领吗？

生活煞费苦心地安排了一幕幕耐人寻味的场景——它让老师训诫学生，再让学生按照老师的训诫行事，然后，又让老师在这样的训诫成果面前自羞自惭，自省自励。

在我写这篇文章的时候，那两个女生的笑靥一直在我的眼前晃啊晃。在我人生的"旱季"里，她们何尝不是"非洲的甘霖"，滋润我，启迪我，给我面对的勇气，给我改变的决心。我相信，摆脱了桎梏的心是可以高飞的心。我愿意自己的心在湛湛蓝天中幸福地邂逅那两个女孩的心，我愿意与她们结伴同行，微笑着，阅尽人间春色……

精彩赏析

这篇散文写了生活中的一件小事，通过两个女孩之间的矛盾，向读者展示了宽恕的力量。文章结尾，作者用"非洲的甘霖"一词来比喻两个女孩的和解，寓意深刻。整篇文章意境清新，让人感到舒畅。作者在散文中也表达了对自己和对人的反思，让人深思。总体而言，这是一篇优秀的散文，值得一读。

那满满一竹篮水啊

🌷 **心灵寄语**

> 　　想象力比"正确答案"重要千百倍。当你能够快乐地尾随"我家小妹妹"打一竹篮意念的水、浇一路精神的花，你就成了一个琴心智者，一个剑胆仁人。

　　早年教过一个学生，写诗着了魔。有时听我的语文课，他突然目光空洞迷茫，我知道他一准是在构思诗了，便转移了视线，不去扰他。

　　一次练笔，他脸上漾着得意的笑，交给了我这样一首小诗：

　　我家小妹妹

　　提着竹篮去打水

　　妈妈说

　　竹篮怎能打来水

　　妹妹说

　　可我明明

　　打了满满一篮水

　　一路上

花儿要我喂
草儿要我喂
等我回到家
没了一篮水

我得承认，我一下子就不可救药地迷上了这首诗。兴致勃勃地把它拿给对坐的老同事看，不料，他看后冷冷地说："这不是痴人说梦吗？拿竹篮子，打了满满一篮水？还喂花喂草？——哼！亏他想得出！"

我听了，心里为这个孩子鸣不平，却讲不出道理。

后来，我偶然读到了一个美国学生的"痴人说梦"——有人在草丛里发现了一个巨大的蛋，这个说是恐龙蛋，那个说是鸵鸟蛋，一个认真的小孩便拿回家去孵那个蛋，蛋壳裂开了，从里面蹦出了美国总统。这篇想象作文，引起了美国民众的极大兴趣。大家为这篇文章喝彩，觉得它"妙极了"。

我把那篇"妙极了"的作文拿到课堂上，读给我的学生们听。他们听了，不欢笑，不喝彩。半晌，有个怯怯的女声朝我飘来："总统知道了会不会生气呀？"

瞧，想象力在我们面前跳芭蕾，不懂得欣赏的人却只管死盯着舞台上的追光灯问："它究竟是多少瓦的呀？"

时间越久，我越喜欢那首无题小诗。我甚至觉得那是我亲身经历过的一个场景——我家小妹妹，梳着两个翘翘的羊角辫，提着一只半旧的竹篮，一弯腰，就从清澈见底的河里晃晃荡荡打了一篮水。干净的阳光照耀着她。她一路欢歌，与花儿草儿分享着那篮清水——嗳，就连她小裙子上的花儿也分到了一些呢……今天，我多想让当年的小作者知道，当我在干渴之时，听着来自四面八方的干渴的声音，自救的本能，使我一次次遁入这首玲珑小诗。吟诵间，我看见自己的汗毛孔里开出一万朵水灵灵的花。

蛋壳里不一定非要孵出来一只鸟，装满水的不一定非要是一只桶。想象力比"正确答案"重要千百倍。当你能够快乐地尾随"我家小妹妹"打一竹篮意念的水、浇一路精神的花，你就成了一个琴心智者，一个剑胆仁人。

精彩 赏析

这篇散文描写了作者对一首小诗的喜爱以及对想象力的赞扬。作者通过自己的想象，将小诗中的场景生动地呈现在读者面前，同时强调了想象力的重要性。作者在描写小妹妹打水的场景时，不是简单地描写行为，而是通过细节描述，将小妹妹的童趣、阳光、快乐等感觉传达给读者。这种细致入微的描写，使得整个场景更加生动有趣。在赞扬想象力的重要性时，作者通过引用一个美国学生的"痴人说梦"，强调了想象力比"正确答案"重要千百倍的观点。通过这个例子，作者告诉读者，想象力可以创造出无限可能，而正确答案只是其中的一个。

如果你唱得好

> 每个人都有自己的价值观，它潜藏在我们内心深处，影响着我们的行为和言语。当我们面对选择和决策时，我们的价值观会指引我们的方向。

我带着高二年级的学生玩"接句"的游戏。

我给出的上句，是一个名叫"小娟"的弹唱艺人讲的。她说："如果你唱得好……"我让我的学生们展开想象，补写这个假设句。我的要求是：写出你自己真实的想法，不要曲意迎合老师。

学生们的"接句"五花八门。概列如下：

学生甲——那你就可以上"春晚"了。

学生乙——那你的粉丝就会特别多。

学生丙——那就会有唱片公司主动上门与你签约。

学生丁——那你就不用参加高考了。

学生戊——那你以后就不用过上班打卡的日子了。

学生己——那你就可以办个培训班了。

学生庚——那你就可以嫁得好。

学生辛——那你就会招来很多人的羡慕、嫉妒、恨。

学生壬——那你就可以像刘晓庆所说的那样"用每一分钟挣名挣利"。

学生癸——那你的邻居可就要遭殃了，因为你会一天到晚唱个不停。

…………

学生们嚷嚷着要看"标准答案"。我说："你所写的，就是你自己的'标准答案'。你的'接句'里盛放着你一颗不走样的心。我曾经写过一篇文章，题目就叫《人生没有错误的台词》。就算是你不假思索脱口而出的句子，也可以出卖你。在你们看来，如果一个人唱得足够好，她就可以过锦衣玉食的日子，她就可以成为名利场上的大赢家；上帝赏给了她一副好嗓子，她就获得了痛苦的'豁免权'——不用高考了，不用打卡了。总之就是：好事追着她，坏事躲着她。你们掉进了一个陷阱——你们跷跷地让这个人以'唱得好'为资本，去换取在你看来最为紧要的东西。

"你们都知道'价值观'这个词。'价值观'其实就是'观价值'——你怎样观瞧一个事物的价值？你更看重的究竟是什么？价值观这东西，通常是看不见、摸不着的。但是，每一个人其实都很难藏起自己的价值观。比如刚才你做接句练习的时候，你的价值观就稳稳地操控着你的笔。那落在纸上的句子，不是你说出来的，而是你的价值观说出来的。你笔端流出的，就是你心中最想要的东西。你几乎没有'说错'的可能。

"蒋勋先生写过一本书，书名叫《生活十讲》。书中有一个章节，是专门谈'物化'的。什么叫'物化'？'物化'就是指商业社会中的人们对物质的过度追求。蒋勋先生痛惜人们'因为物化而迷失，因为物化而失去快乐'。当一个人立志将自己变成赚钱工具的时候，就等于主动典当了自己的灵魂、阉割了自己的生命。彩虹、流星、涛声、鸟语，这些他都可以视而不见、充耳不闻。他沦为了金钱的奴隶，一辈子给金钱打工。他的生命因此变得干瘪丑陋。他成了上帝的一个败笔。

"物化时代，我们究竟应该拥有怎样的价值观？这个问题值得我们每一个人认真思考。当一个人拥有了某种天分，除了跟名利挂钩，还可能得到怎样的奖赏呢？比如这个小娟，'唱得好'这件事，给她的身心带来了怎样的欢愉？好吧，让我们来看看这个句子的提供者小娟是怎么说的吧：

"'如果你唱得好，院子里的树就比较绿。'"

精彩赏析

这篇散文的作者通过一个玩"接句"游戏的场景，深入浅出地阐述了人们的价值观是如何影响他们的言行的。通过学生们的"接句"作品，读者可以深入了解到每个人的价值观是不同的，而这种差异会在他们的言辞中得到体现。作者以此启发读者思考自己的价值观，以及当今社会物化的现象对人们的生命和灵魂所带来的影响。从写作角度看，作者的文字流畅自然，语言简洁明了，但又不失深度和思考。通过一个小小的场景，作者深入探讨了人们的价值观问题，并且以小娟的"院子里的树就比较绿"的话作为结尾，寓意深刻。从意境角度看，作者运用了一个简单的游戏场景来引出深刻的思考，读者可以在阅读中感受到一种轻松、愉悦的氛围。

偷来的巧是致命的拙

❀ 心灵寄语

> 困难与挑战时刻伴随着我们，而聪明的我们总是想方设法寻找捷径，希望能够轻松地越过深渊。然而，我们却忽略了深渊不会迁就我们的短处。在这条路上，只有坚持不懈，不断前行，方能迈过深渊，走向成功的彼岸。

我给高三学生布置了一个供材料作文题。材料是一组漫画：一群人，每人背着一个超过身高的硕大十字架在埋头赶路。他们走得很辛苦。在这些人当中，有一个人开始动脑子了。他趁人不备，用锯子把十字架的末端锯下去了一截。——嘿，明显轻松了许多。很快，他就走到队伍的前面去了。在某方面尝到了甜头的人，会一次次萌生以同样方式追求甜头的心。这个人也不例外。他再一次拿出锯子，把十字架的末端又锯去了一截。更加轻松了。他得意地哼起了小曲。突然，前面出现了一道深谷。背着十字架赶路的人们纷纷把长长的十字架搭在深谷的两边——彼时拖累人的十字架，此时化作了玉成人的桥梁。那么多人，轻松愉快地从自己的十字架上通过，如愿以偿地走到深谷那边去了。而那个偷巧的人，却因为变短的十字架无法架在深谷两边而永远被留在了深谷这边……

与其说我给高三学生提供了一则作文材料，不如说我给他们提供了一个人生镜鉴。人到高三，背上"十字架"的分量陡然加重。百套卷、千道题、万种法——你可生出了偷巧的心？"十字架"在身内，锯子在身外。锯子的利齿，随时乐意帮你啃掉沉重的"十字架"的末端。但是，"深谷"不迁就短者。残缺的"十字架"，只能编织残缺的梦。

何止高三？人生不也如此吗？国家不也如此吗？

"聪明"不是"智慧"，但"聪明"往往比"智慧"更容易博得当下的掌声。当一个个"十字架"被聪明的手一次次锯短，卸了重负的人在偷笑，愚钝的裁判员看不出这个冲在最前面的运动员原是作弊者，激动万分地宣布了一项新纪录。"深谷"没有出现在今天，"深谷"甚至也可能不会出现在明天。但是，"深谷"不动声色地横亘在我们必然经过的前方，等着在一个绕不开的时刻看我们的笑话。

"饮鸩止渴""剜肉补疮""聪明反被聪明误"。古人造出了这些词，预备给后人恰切地使用。而我们，果然就用上了，并且用得恰切到让人悲凉。是谁，天生一颗偷巧的心，锯短"十字架"成了人生的本能动作。"残缺的十字架"，诅咒般地投影于你我的生活——餐桌上有之，马路上有之，空气中有之……

什么时候我们才能彻底明了：捷径，其实是最远的路；偷来的巧，其实是致命的拙。

精彩
—**赏**析——

　　这篇散文从一个漫画中的情节入手，揭示了其中所蕴含的人生哲理，对我们一些偷巧、寻求捷径的行为提出了警醒。从写作上来说，文中运用了大量的修辞手法，如比喻、排比、夸张等，使文章更具有感染力。作者用"残缺的十字架"比喻偷懒耍滑的行为，将"深谷"比喻为人生需要经历的难关，十分形象地说明了偷巧会让我们付出怎样的代价。作者在文章结尾对世人的忠告发人深省。

留钱做什么

> 当我们把重心放在追求自己的梦想和目标上时，我们才能真正地感受到生活的意义和价值。让我们珍惜生命的尊严，努力打造自己的"金汤匙"，并用它来实现我们最真挚的愿望。

我友，一日饮醉，对我说："你信不信，我的存款，到我孙子那辈都花不完！"我说："我信。不过，老辈子有句话，叫'儿孙自有儿孙福'，你真的没必要给儿孙留那么多。"他笑了，说："什么叫'福'？钱多才叫'福'！我上半辈子穷怕了，我不能让我的儿子、孙子再重复我的穷。我就是要让他们守着一座金山，过像样的日子。"

他说的是真心话。我们身边有太多这样的人——但有一分钱，留与子孙花。仿佛我们今天多留一些钱给他们，他们的日子就能增加一些甘甜与色彩。我们没有认真想过，"一座金山"与"像样的日子"之间果真有因果关系吗？

林则徐说过一段发人深省的话："子孙若如我，留钱做什么，贤而多财，则损其志；子孙不如我，留钱做什么，愚而多财，益增其过。"这话说得何其透辟又何其超脱！子孙如果像我一样卓异，

189

那么，我就没必要留钱给他。贤能却拥有过多钱财，会消磨他的斗志。子孙如果是平庸之辈，那么，我也没必要留钱给他。愚钝却拥有过多钱财，会增加他的过失。今天，能真正读懂并愿意践行林则徐这段话的又有多少人呢？

我教的学生中有许多富家子弟，他们中有一些人精神萎靡，学习动力欠缺。我知道，在他们心里有一个声音：父母早为我打下铁的江山了，我必须竭力拿平庸去"报答"父母的一片苦心！

心理学上有一个著名的"不值得定律"——不值得做的事情，就不值得做好。想想看，拥有了一座金山的人，又怎会甘心每天汗流浃背地去沙中淘金呢？而带着"不值得"的心理去学习、去工作的人，所收获到的，也必将是一个"不值得"的人生。

当听说"世界第二富"的股神巴菲特要捐出 99% 的个人财富时，我的一个同事说："那他的后代还不得气疯了？"我想，她一定没听说过那个发生在巴菲特和他小儿子身上的故事：巴菲特的小儿子彼得酷爱音乐，在他搬到密尔沃基市前，开口向父亲借钱（这是彼得唯一一次向父亲借钱），却被拒绝了。巴菲特的理由是"钱会让我们纯洁的父子关系变得复杂"，后来，彼得气愤地去银行贷了款。他说："在还贷的过程中，我学到的远比从父亲那里接受无息贷款多得多。现在想来，父亲的观点对极了。"彼得说，他至死都不会忘掉父亲说过的那句话："有时你给孩子一把金汤匙，没准是把金匕首。"

你若真爱自己的孩子，就不妨在金钱上对他吝啬一些，别用一把"金匕首"伤了他、害了他。既然你把他带到这个世界上来，你就该看重他生命的尊严，把创造的权力还给他，让他流汗、流泪、流血，让他在无人撑伞的雨中奋力奔跑，让他拼死追求那个"最好的自己"，让他用自己亲手打造的"金汤匙"喝到人间至美的羹吧……

精彩
——赏析——

　　这篇散文从金钱与人生的关系出发，深刻地探讨了父母给子女的遗产是否真的对其未来的生活产生了积极的影响。作者通过列举许多具体的例子，如林则徐、巴菲特等人的言论，来强化她的观点。整篇文章以"爱子女"为出发点，用生动的语言和深刻的思考，呼吁人们在金钱和家庭教育问题上要多加思考，不要因为爱而过度关注子女的物质生活而忽略了他们的人格培养。

1. 阅读《请永葆你的"二"》，回答下面的问题。（12分）

（1）为什么有人觉得佳佳老师有点"二"？（2分）

_____

_____

（2）佳佳老师给孩子布置的作业是什么？（3分）

_____

_____

（3）作者认为佳佳老师有哪些优点？（4分）

_____

_____

（4）你认为本文的主题是什么？（3分）

_____

_____

_____

2. 阅读《理由》，回答下面的问题。（8分）

（1）对刘道玉校长去探视坐牢学生的举动，最初围观的人持什么态度？持_____态度。（2分）

A. 赞同的　　　　　B. 反对的

C. 支持的　　　　　D. 理解的

（2）刘道玉校长对去探视学生的行为给出的理由是什么？因为_____。（2分）

A.学生犯罪也是他的责任

B.犹如父母子女，应该去探视

C.维持好的师生关系

D.表示对学生的关心

（3）书页之外的作者，看到刘道玉校长的举动，有着怎样的反应？为什么会有这样的反应？（4分）

_____

_____

_____

3.写作训练。（60分）

老师像红烛，照亮了知识的路程。老师像春雨，把点点滴滴的知识洒在我们的心里。老师像园丁，把幼小的我们培育成懂得知识的大树。老师像金钥匙，把无知的我们领进知识的宝库。

请以"老师，谢谢您"为主题写一篇文章，文体不限，诗歌除外。字数在 600~800 字。

★ 试卷作家真题回顾 ★

【浇 花】

1.（2分）

称谓	杂草	植物	花儿
态度	忽视	认可（接受）	肯定（尊重）

2. 渲染杜鹃花开得妖娆，表明妈妈喜爱杜鹃的原因，为妈妈专心浇杜鹃花、拔掉儿子的"花儿"作铺垫。（2分）

3. ①运用神态描写，写出了妈妈对花儿的喜爱之情（相信花儿能感受到自己的爱，并茁壮成长）。（3分）

②运用拟人手法，以杜鹃"举着笑脸"表现花开得好好的，映衬出妈妈看到杜鹃花还在时的愉快和对儿子不知道花到哪儿去了的不解。（3分）

4. 不一样，前一个省略号表示列举的省略，意思是世界上还有很多被忽略的花儿；后一个省略号表示话没说完（语意未尽），给人留下思考的余地。（3分）

5. 相同之处：它们都以自己的独特的方式展示着生命的美感。不同之处：《浇花》这样写，是为了强调要平等对待每一个生命，不能忽略那些最不起眼的事物；《苔》这样写，是托物寓意，强调生命尽管渺小，不引人注目，也要实现自己的价值，绽放自己最美的瞬间。（5分）

【深锁乡愁】

1. 过去因为距离远而忍受思乡之苦，现在因为疫情，故乡拒绝我回乡，我无法回家乡。（4分）

2. 那里是我成长的地方，有我或欢乐或苦涩的回忆；那里有关爱我的家人；那里的乡亲友善（体贴）宽厚。（4分）

3. 因为故乡遭遇严重的疫情，封城了；不回乡是配合故乡抗疫，是对故乡最大的帮助。（4分）

4. 疫情过去，故乡恢复正常生活。我能回故乡，和亲人团聚。（4分）

【母亲的报复】

1. 1978年庙会期间的一个傍晚，一个瘸腿乞丐向母亲讨几片黄连素，母亲找药倒水，还让乞丐借住；家境困难时，母亲和二舅去富人家讨饭遭羞辱被赶走。（4分）

2. 语言描写和感叹句式，写出小侄子看到那些乞丐在要饭时高兴和惊喜的特点，通过小侄子的眼光侧面烘托母亲的慷慨、善良，也表达了对母亲的赞美之情。（4分）

3. 补充交代了母亲善待乞丐的原因，使母亲的形象更加丰满，引出下文"母亲的报复"，揭示全文的中心。（4分）

4. 母亲小时去讨饭遭遇恶汉的冷眼和羞辱，后来她温柔对待"穷亲戚们"，就像对待自己失散多年的亲人。"己所不欲，勿施于人"，母亲将曾遭受的冷眼、羞辱转为对同处境乞丐的善良、慷慨，其境界令人敬佩。（6分）

【盘扣子】

1.A：我询问母亲是否记得盘扣子。B：明快自信。C：我赞美母亲并想要母亲帮我盘更多扣子。（3分）

2.①运用神态描写和动作描写，生动形象地写出了母亲重拾盘扣子时慌乱的样子，表现了母亲既喜欢又不自信的心理。（3分）

②"贪婪"在这里是贬词褒用，生动形象地写出了"我"想让母亲盘更多的扣子，好让母亲觉得自己被儿女需要，从而变得自信、快乐。（3分）

3."盘扣子"是文章的线索，文章紧扣"盘扣子"推动情节的发展；通过写"我"和母亲之间关于"盘扣子"的事情，既表明老人对自我存在价值的渴求，又表现儿女的孝心，突出了文章的主题。（4分）

4.母亲年老多病，觉得孤独，害怕自己年老无用会遭儿女的嫌弃。"我"通过央求母亲帮我盘扣子，教"我"学盘扣子，让母亲觉得自己还有用，还被人需要，这是儿女对年老母亲的孝心。所以，文章最后才说"在母亲的有生之年，我不能学会盘扣子，绝不能……"（4分）

【大香奶奶】

1.A（2分）

2.示例：他家日子那么好过，不可能向咱家借粮食啊！他娘就是想接济咱家。（2分）

3.①文中第⑨～⑪段插入了大香奶奶临终前后的事情。②表现了大香奶奶善良、淳朴的品质以及"我们"对大香奶奶的感激之情。"炒花生"贯穿全文，脉络清晰，使文章浑然一体。（4分）

4.示例：B。文章以"我"的视角切入，写了"我"和"我"的家人与大香奶奶一家之间的故事，大香奶奶善良、淳朴的品质熏陶了"我"，并使"我"决心在往后的人生中做一个更好的人。因此，本文更适合投给"人生之旅"栏目。（从 ABC 三个栏目中任选一个，结合文意阐明理由均可。）（4分）

5.①大香奶奶送"我们"炒花生，临终前假装借了"我"家的米和面，实则是想让自己的儿子和儿媳接济"我们"。这些都是"我们"受过的大香奶奶给予的恩惠。大香奶奶的善良影响了"我们"，"我们"照顾大香奶奶儿子的生意，将花生分给别人，"我们"用真诚善良的心对待别人，才能不辜负大香奶奶的恩惠。②表现了大香奶奶的善良、淳朴，表达了"我们"对大香奶奶的感恩以及大香奶奶的品行对"我"为人处世的影响。点明中心，深化主旨，引发思考。（4分）

【藏在木桩中的椅子】

1.用95秒钟的时间，将一截木桩制作成一个可以承受他自身重量的小椅子。（3分）

2.证明椅子虽小仍然可以承受他的重量，是一把实用的合格的椅子。（3分）

3.胸有成竹（2分）

4.颖慧的心，灵巧的手，常能对凡庸的事物做出非凡的解读。（3分）

5.示例一：我们凡庸的眼与心怠慢了很多美好的事物，让我们去发现美，感受美。

示例二：文章启示了我们，只要拥有创造力，并敢于不断实践，便可以创造出奇迹。

示例三：生活中并不缺少美，而是缺少发现美的眼睛。生活因我们的熟视无睹而变得平庸。我们若能时时以新鲜的目光和灵动的心去看待平凡的生活，勤于实践，勇于创造，生活就会充满诗情与画意。（4分）

★ 试卷作家美文赏练 ★

【预测演练一】

1.（1）柳生长在水边，水润柳才会茂盛。（2分）

（2）"新"的含义是指柳枝不久长出来的新枝。（2分）

（3）"烟柳"是指像烟一样轻盈缥缈的柳枝。（2分）

（4）因为新柳色柔媚鲜润，十分吸引人，并且其呈现出的绿色与蓝天、碧水相映衬，更加美丽。（3分）

2.（1）玉兰花的花朵很大；玉兰花花色纯白；玉兰花开得早，花瓣在开花后逐渐脱落。（2分）

（2）作者十分喜爱玉兰花，对其充满赞美之情。（3分）

（3）示例一：玉兰花的盛开和凋落，充满了仪式感和神圣感，让我对生命有了更深刻的认识。

示例二：不管盛放，还是凋谢，都有它的美。（4分）

3.略

【预测演练二】

1.（1）主题是樱花与初恋以及与母亲的情感。（2分）

（2）作者对电梯里的女子感到伤感，是因为她想起了自己患病的母亲，不能陪她去赏樱。（5分）

（3）作者长叹，因为她读到的故事里的母亲和她自己的母亲都患有认知障碍症，而且都无法与自己的初恋交流。（3分）

（4）小贱花 白菜根 白菜花 认知障碍症（4分）

（5）这个标题是一个感性的标题，它并没有直接反映出文章的主题，但从内容可以看出，作者通过讲述自己和电梯里的女子的故事，引出了自己对母亲的怀念和对时间流逝的感慨。这个标题通过引人入胜的词语，唤起读者的情感共鸣，引发读者的好奇心和对文章的关注。同时，樱花和初恋是常见的青春元素，也让读者产生了一些美好的情感联想，从而更容易被吸引，更容易进入这篇文章的世界。（4分）

2.（1）示例：②高考时，父亲为了让"我"掌握时间给我买来天价手表。③成家后，父亲为了让"我"吃口热乎饭为我买来电饭煲。（4分）

（2）①毅然，坚决、毫不犹疑的意思。写出了父亲为了让"我"吃口热乎饭，毫不犹疑地掏钱买电饭煲的情形，表现了父亲态度的坚定，表达了父亲对"我"的疼爱和关心。（3分）

②这句话运用了排比的修辞，写出了手表陪伴着"我"走过的人生三个关键时期，表现了这块手表对"我"的重要意义，表达了"我"对手表的难以割舍和对父亲的感激之情。句式整齐，语气贯通。（3分）

（3）父亲给"我"的爱是清醒的，他关心"我"的学业，在意"我"的前途；父亲给"我"的爱又是绵密的，他在意"我"的实际需求，关心"我"的饮食、生活起居。（4分）

（4）示例一：文章将"我"面临辍学时外祖父的淡定和父亲着急奔走的态度进行对比。突出了父亲对"我"学业的关心，表达了父亲对"我"的未来所做的长远的打算，对"我"的前途清醒的关爱。

示例二：文章将"我"幼时对父亲的排斥与成年后对他的感恩的态度进行对比，突出了父亲多年来对"我"的关爱被"我"理解、接纳。表达了"我"对父亲的愧疚和感激。（4分）

3.略

【预测演练三】

1.（1）她感动于阿姐想一辈子守着她。（2分）

（2）闺密（1分）

（3）A（2分）

2.（1）感恩的过程是心灵提纯的过程。懂得感恩可以让我们拥有幸福，成为一个受欢迎的人，并容易走向成功。（3分）

（2）这句话在文章中起到激励人心的作用，鼓励人们不仅要活着，还要活得有意义、有价值。文章通过这句话表达了人们不仅要追求物质生活的舒适，更要追求精神层面的满足，例如感恩、回报、成熟等。这种精神追求是人们成长、进步、成功的重要动力。（3分）

（3）这句歌词是表达作者对生命的态度和对爱的珍视。无论生命如何起起落落，开花结果，作者都会珍惜。这句歌词也是对前文所表达的"感恩"的一种呼应，表达了作者对生命和爱的感恩之情，同时也呼吁读者珍惜自己的生命和所拥有的一切。（4分）

3.略

【预测演练四】

1.（1）"积懒成笨"的意思是：懒散积累多了，最终会导致笨

拙无能。（2分）

（2）作者认为，懒惰通常会披上"不屑"的外衣，让人误以为那个人志存高远，鄙薄燕雀。（或：披上"马虎"的外衣，让人误以为那个人不是不够勤苦，而是有点疏忽大意；披上"慢性"的外衣，让人误以为那个人生命崇尚稳妥，喜欢鹅行鸭步；披上"善守"的外衣，让人误以为那个人反对冒进，赞成以守为攻。择其一回答即可。）（3分）

（3）作者认为，一些学生会成为"木头人学生"，是因为他们长期懒散，没有养成认真听讲、积极思考的习惯，导致学习成绩差。（3分）

（4）根据朱光潜先生的话，懒惰会对人造成以下危害：萎靡不振，遇到应该做的事情没有勇气去做；马虎苟且，遇到不应该做的事情没有勇气去决定不做；对所有事情都朝着抵抗力最低的路径走，遇事偷安取巧，逐渐走向人格的堕落。（4分）

2.（1）"酷"（1分）

（2）作者认为，刘轩二十九岁时对父亲二十九岁时所做出的选择的背叛，恰是刘墉最想要的结局。刘轩是为了自己获得更好的发展而走出"舒适区"，他想超越自己，打拼事业，最终他成为跨界奇才。（4分）

（3）因为"舒适区"的叛徒勇于迎接轮番而来的危机和挑战，不断扩大自己的"舒适区"，让自己的"舒适区"能够圈进更加丰饶的内容，让人生的"意义面积"越来越大，他们的生命能活出几辈子的况味。（4分）

3.略

【预测演练五】

1.（1）因为佳佳老师留的作业不同寻常，让人费解。（2分）

（2）让孩子每天轮流亲家人一遍，观察家人被亲时的表现；每天晒两个钟头太阳，阴天的话，就等晴天了加晒一个钟头；观察落叶，返校时每人至少交10片落叶。（3分）

（3）作者认为佳佳老师通过善的教育、健的教育、美的教育，为孩子注入了可供回忆一生的珍贵因子，她力图将孩子培养成一个有爱、有力、有趣的人。佳佳老师关照的是孩子的"远期收获"，这比抢得眼下的10分、8分重要得多。（4分）

（4）本文的主题是教育，特别是如何给孩子提供健康、有意义的教育。（3分）

2.（1）B（2分）

（2）B（2分）

（3）作者感到十分羞愧，之所以感到羞愧，是因为作者自己遇到这样的情况也不会去探视学生。这更衬托出刘校长的难能可贵。（4分）

3.略

— 试卷上的作家 —

初中生美文读本

序　号	作　者	作　品
1	安　宁	一只蚂蚁爬过春天
2	安武林	安徒生的孤独
3	曹　旭	有温度的生活
4	林　夕	从身边最近的地方寻找快乐
5	简　默	指尖花田
6	乔　叶	鲜花课
7	吴　然	白水台看云
8	叶倾城	用三十年等我自己长大
9	张国龙	一里路需要走多久
10	张丽钧	心壤之上，万亩花开

高中生美文读本

序　号	作　者	作　品
1	韩小蕙	目标始终如一
2	林　彦	星星还在北方
3	刘庆邦	端　灯
4	刘心武	起点之美
5	梅　洁	楼兰的忧郁
6	裘山山	相亲相爱的水
7	王兆胜	阳光心房
8	辛　茜	鸟儿细语
9	杨海蒂	杂花生树
10	尹传红	由雪引发的科学实验
11	朱　鸿	高考作文的命题与散文写作

全真模拟考场

高频必刷真题，演练出高分

应试技能直升

阅读专题精讲，考试有高招

"码"上进入

阅读提分充电站

学业提升有计划

扫码进入

作文精修助手

在线纠错润色，练就范文水平

命题热点课代表

趋势快讯一手掌握，轻松迎战